CLOC Y CAPEL

GOMER M. ROBERTS

CLOC Y CAPEL

YSGRIFAU A SGYRSIAU

GWASG GOMER

1973

Argraffiad Cyntaf – Mawrth 1973

SBN 85088 187 0

Argraffwyd gan J. D. Lewis a'i Feibion Cyf.
Gwasg Gomer   -   Llandysul

CYNNWYS

RHAGAIR

CESGLAIS at ei gilydd yn y gyfrol hon nifer o ysgrifau a gyfrennais i gylchgronau a phapurau lleol yn y cyfnod 1935—1970, gan ychwanegu at rai ohonynt. Ychwanegais atynt hefyd rai sgyrsiau a draddodwyd gennyf yn ddiweddar ar nos Sul yn rhaglen "Rhwng Gŵyl a Gwaith" y B.B.C. Dymunaf ddiolch i'r Parch. Griffith Parry, B.A., goruchwyliwr Llyfrfa'r M.C. yng Nghaernarfon am ganiatâd i gyhoeddi ysgrifau a ymddangosodd yn *Y Drysorfa* a'r *Goleuad* ; ac i olygyddion *Y Genhinen, Barn, Taliesin, Cardigan & Tivyside Advertiser,* a'r *Western Mail,* &c. am ganiatâd i gyhoeddi ysgrifau a welodd olau dydd gyntaf yn eu cylchgronau a'u papurau hwy. Diolch hefyd i'r B.B.C. am ganiatâd i gyhoeddi'r sgyrsiau radio.

GOMER M. ROBERTS

BRYNAWEL,
LLANDYBIE.

LLURIG BADRIG

Yn ei lyfr, *Traddodiad Llenyddol Iwerddon*, dengys yr Athro J. E. Caerwyn Williams i glerigwyr yr Eglwys Gristnogol yn Iwerddon gyfansoddi emynau yn gynnar iawn. "Ni wyddys pa mor gynnar y bu'r datblygiad hwn, ond ni all fod yn hwyrach na'r seithfed ganrif, ac y mae'n bosibl ei fod mor gynnar â'r chweched."

Priodolir yr emyn cyntefig, *Llurig Badrig*, i Badrig Sant (c. 372—466). Dywedir i Badrig lanio yn Iwerddon yn y flwyddyn 432, ac iddo fynd ar ei union i Dara, prif ddinas talaith Meath, lle'r oedd Leary, brenin y dalaith, yn cadw llys. Adeg y Pasg oedd hi, pryd y cynhelid un o gynadleddau mân frenhinoedd yr ynys. Safodd Padrig a'i gymdeithion wrth fynydd Slane, ger afon Boyne, ryw ddeng milltir o Dara, a chynheuwyd ffagl fawr yno y noson cyn y Pasg. Gorchmynasid yn Nhara nad oedd neb pwy bynnag i gynnau tân y noson honno, ar boen marwolaeth, hyd oni chynheuid y goelcerth frenhinol ar bwys y plas. Gwelwyd y golau ar fynydd Slane, ac ymgynghorodd y Brenin Leary â'i dderwyddon ynghylch y peth. Ateb y derwyddon oedd, "Oni ddiffoddi di'r tân acw yn ebrwydd ni ddiffoddir mono byth ; bydd cynheuwr y tân yn sicr o orchfygu a thynnu holl werin y deyrnas ar ei ôl." Ffromodd y brenin, a gorchmynnodd baratoi ei gerbydau a chyrchu ar unwaith i'r mynydd gyda dau o'i brif dderwyddon. Pan welodd Padrig hwy'n nesáu, canodd yr ugeinfed Salm o Ladin y Fwlgat ; ac yna canodd y geiriau a adwaenir fel *Llurig Badrig*, a hynny yn yr iaith Wyddeleg.

Dywed traddodiad hefyd i filwyr y brenin dybied mai ceirw gwylltion oedd Padrig a'i wŷr, ac o'r herwydd adwaenir *Llurig Badrig* wrth yr enw *Cri y Ceirw*.

Ai Padrig, mewn gwirionedd, a'i cyfansoddodd? Y
mae'n gerdd hynafol, a bernir gan ysgolheigion y perthyn
y ffurf sydd arni'n awr i'r wythfed ganrif. Rhyfelgerdd
ydyw, nid hwyrach, yn cynnwys cymysgedd o gredo a
swyngyfaredd. Ysgrifennid y math hwn o ganu crefyddol
—y *Lorica* neu'r Llurig—yn dair adran, sef (a) galw ar y
Drindod Sanctaidd a'r Engyl; (b) nodi'r rhannau o'r
corff y dymunid eu diogelu; a (c) rhestru'r drygau y
dymunid cael diogelwch rhagddynt. Edrychid felly ar y
Llurig fel math o arfogaeth ysbrydol. Tebyg fod pat-
rymau'r math hwn o ganu o darddiad cyn-Gristnogol a
phaganaidd, ond fe'i cymerwyd drosodd gan Eglwys
gyntefig Iwerddon.

Ceir dau fersiwn Saesneg o'r Llurig yn y *Church Hymnary*
(1927), sef trosiad (neu gyfaddasiad) Mrs. C. F. Alexander
(1823-95), a ddaeth yn boblogaidd iawn, a throsiad yr
Athro R. A. S. Macalister, sy'n rhoi syniad cywirach o
arddull gref, nerfus a chwta'r gwreiddiol na throsiad Mrs.
Alexander. Y mae llinell gyntaf Mrs. Alexander,

I bind myself today,

yn seiliedig ar gamdrosiad o'r gwreiddiol, y dylasid ei
drosi

Today I arise.

Y mae yn fy meddiant drosiad T. Gwynn Jones, a
gyhoeddwyd rai blynyddoedd yn ôl yn bapuryn pedair o
ddudalennau o Wasg Gomer, Llandysul. Y mae'i fersiwn
ef mewn *vers libre*, a dyma'i bennill cyntaf i ddangos ei
nodwedd :

Wele fi'n cyfodi heddiw—
Drwy nerth y goruchaf,
Drwy fy ngweddi ar y Drindod,
Drwy fy nghred yn ei Drined,
Drwy addef ei Uned—
Drwy yr Un Creawdr.

Wrth ei gyfaddasu'n fydryddol pwysais ar drosiad yr
Athro Macalister, o ran mesur a dewisiad o'r deunydd,
ond ceir ambell adlais o'r eiddo T. Gwynn Jones ynddo
hefyd. A oes gerddor a deimlai ar ei galon i gyfansoddi
tôn Gymreig ei nodwedd ar gyfer Llurig Badrig?

Cyfodaf heddiw
 Yn enw'r Drindod, Trined gytûn,
 Addefaf y sanctaidd Dri yn Un,
 Creawdwr byd a phob perchen ffun.

Cyfodaf heddiw
 Drwy rinwedd Crist a'i eni drud,
 Ei angau, a'i roi'n y beddrod mud,
 A'i ddyfod drachefn i farnu'r byd.

Cyfodaf heddiw
 Drwy nerth y gwyn angylaidd lu ;
 Ac addewidion proffwydi cu,
 A chred y ffyddloniaid, oll o'm tu.

Cyfodaf heddiw
 Drwy rin holl oleuadau'r nef,
 Y mellt, a mawrwynt y storom gref,
 Y môr, a'r ddaer a sefydlodd Ef.

Cyfodaf heddiw,
 Â gallu Duw i'm harwain ar daith,
 I'm cadw, a'm tywys drwy'r anial maith,
 Ei glust i'm gwrando, a'i Air imi'n iaith.

Ti yw fy nodded
 Rhag drwg weithredoedd cythreulig lu,
 Rhag euog rysedd fy chwantau du,
 A'm holl elynion ar bob tu.

Iesu, Waredwr,
    Ti fo'n castellu o'm cylch ymhob lle,
    Uwchben, o danaf, ar aswy, ar dde,
    Erof ac ynof, Dywysog y Ne'.

Ti fo'n rheoli
    Y sawl fo'n meddwl amdanaf fi,
    Pawb a'm cyfarcho, a sieryd â mi ;
    Bydd ym mhob llygad a'm gwelo i.

Cyfodaf heddiw
    Yn enw'r Drindod, Trined gytûn,
    Gan addef y sanctaidd Dri yn Un,
    Bydd imi'n Geidwad, Tydi dy Hun.

Y Goleuad, 23 Tachwedd 1960.

Bu darllen ysgrifau Dr. J. Lloyd Williams ynghylch ei helyntion wrth gasglu llysiau prin ar foelydd Eryri yn fwynhad nid bychan i lawer o'i ddarllenwyr. Wrth ddarllen un o'i ysgrifau mi gofiais am un llysieuyn nas ceir yn unman ond ym Mhenrhyn Gŵyr, sef y *Draba azoides montana*, neu'r "Yellow Whitlow Grass"—ni wn i am yr un enw Cymraeg arno. Y mae'r llysieuyn hwn yn debyg i'r isop y gwyddai Solomon amdano, a dyfai allan o'r pared, oblegid rhwng y cerrig ym muriau Castell Pennard y mae ei gynefin. Ond fe dyf hefyd ar y creigiau yn ymyl y môr rhwng y Castell a Phentir Gŵyr, yn yr agennau bychain lle gall y pridd a'r gwlybwr gronni.

Darganfuwyd ef gyntaf yn 1795 gan Lucas ar greigiau calch y Pentir, ond tybiaf mai Edward Donovan, a deithiodd trwy'r De yn y blynyddoedd 1800-04, oedd y cyntaf i ddwyn y llysieuyn i sylw cyffredinol ; ceir yr hanes am ei ddarganfyddiad yn ei *Descriptive Excursions in South Wales and Monmouthshire* (1805, ii. 116). Cafodd hyd i'r llysieuyn yn tyfu'n wyllt rhwng agennau'r cerrig yn adfeilion Castell Pennard. Gwelodd ef yn bwrw'i had tua diwedd mis Gorffennaf, 1802, a dywed fod gŵr o'r enw Dr. Turton, o Abertawe, wedi'i weld yn ei flodau y mis Mawrth cynt. Danfonodd sampl ohono i ryw Ddr. Smith, a chyhoeddodd hwnnw ei fod yn llysieuyn o rywogaeth newydd, ac yn ychwanegiad pwysig at lysiau brodorol Prydain. Hyd yn hyn nid oes neb wedi'i weld yn unman arall ym Mhrydain ; diddorol fyddai cael esboniad ar y ffaith mai yma'n unig y tyf yn yr ynysoedd Prydeinig.

Ym mis Ebrill 1936 yr oeddwn mewn cynhadledd yn Abertawe, a phwy oedd yno'n annerch rhai o'r cyfarfodydd

ond y Canon Charles E. Raven, Lerpwl, diwinydd ac
ysgolhaig o fri. Gwyddwn o'r blaen am hoffter y Canon
Raven o adar gwylltion, a darllenaswn gyda boddhad
mawr un neu ddau o'i lyfrau. Ond syndod i mi oedd
deall fod ganddo ddiddordeb hefyd mewn llysieuaeth.
Gofynnodd i'r cwmni a wyddai neb y ffordd i Gastell
Pennard, a chan fy mod yn gyfarwydd â Browyr cefais
y fraint o'i arwain yno. Nid oes ardal hafal i Frowyr yn y
gwanwyn neu'r haf, ond y prynhawn hwnnw yng nghanol
Ebrill fe'n goddiweddwyd gan gawod drom o eira neu
eirlaw, a bu'n rhaid inni redeg dros faes golff Pennard
dros gefnen ysgawn o eira.

Saif adfeilion Castell Pennard ar graig galch ar fin
ceunant ryw hanner milltir o'r traeth. Plasty caerog a
godwyd tua'r bedwaredd ganrif ar ddeg, yn hytrach na
chastell go-iawn ydyw ; ac ni saif ohono heddiw ond
adfeilion candryll. Cyrraedd yr adfail, a dechrau edrych o
gwmpas ym mhobman, a methu â gweld dim byd tebyg
i flodeuyn. "Fe ddylai fod yn ei flodau y tymor yma,"
meddai'r Canon, ac ar y gair fe edrychais i fyny a chanfod
yr hyn y daethom allan i'w weled. 'Roedd braidd yn
uchel i'w gyrraedd, a chan fy mod i yn ieuengach gŵr na'r
Canon ymwrolais i ddringo, ac o'r diwedd cefais afael
mewn gwreiddyn da o'r *Draba*. "Mae'n gywilydd o beth
hefyd," meddai'r Canon, "ein bod ni'n tynnu *gwreiddyn*
ohono !"

Blodeuyn bychan yn tyfu'n glwstwr melyn llachar ar
ben coesyn tua dwy fodfedd ydyw'r *Draba azoides montana*,
ac ychydig o ddail meinion gwyrdd o gylch y clystyrau.
Y mae i bob blodeuyn bedwar petal, ar ffurf croes. Clyw-
swn o'r blaen am aidd y casglwr, ond ni welais erioed cyn
hynny y fath lawenydd ar wynepryd neb na'r llawenydd
a ddisgleiriai ar wyneb Canon Raven y prynhawn hwnnw.

Daliai'r llysieuyn yn ei ddwylo, ac edrychai arno'n addol-
gar (debygwn i), gan sibrwd rhyngddo ef a'i hunan,
"Rhyfeddol ! rhyfeddol ! rhyfeddol !"

Rhaid i mi gyfaddef na welwn i ddim rhyfeddod
ynddo o gwbwl. Un blodeuyn ymhlith llawer ydoedd i
mi, ond i'r Canon Raven yr oedd yn rhyfeddod gwerth
dod bob cam o Lerpwl i edrych arno. Yn union wedi
inni gyrraedd cysgod y modur paentiodd y Canon lun
tlws o'r blodeuyn. Ac yna—yn dâl am fy llafur—cefais
ddarn o'r gwreiddyn. Llwyddais i'w gadw'n fyw am rai
misoedd, ond pan ddychwelais o'm gwyliau yn niwedd
Awst 'roedd y *Draba* wedi gwywo'n llwyr. Mae'n debyg
i'r Canon fod yn fwy gofalus o'i drysor, a thebyg fod y
llysieuyn bychan yn tyfu yn ei herber yn Lerpwl o hyd.

Dyna'r tro cyntaf—a'r tro olaf—y bûm i'n chwilio am
flodau prin, ond ni fyddaf fyth yn mynd ar gyfyl Castell
Pennard heb roi cip ar ei fagwyrydd, a chael golwg ar y
llysieuyn bychan prin a dyf allan o'r pared. Paham, o bob-
man yn y byd, y dewisodd y fath le noethlwm i ym-
gartrefu ? A sut yn y byd mawr y llwyddodd i gadw'i le
ym Mrowyr, heb gymar yn agosach ato na'r Alpau pell ?

Western Mail, 22 Gorffennaf 1938.

SIOP RALPH

Yn Abertawe y mae honno, wrth gwrs, yn Dillwyn
Street (ac yn Alexandra Road, ar bwys stesion High
Street, cyn hynny), fel y gŵyr pob llyfrbryf yn y De, ac
ambell un yn y Gogledd hefyd.

'Rwy'n cofio siop lyfrau ail-law Morgan a Higgs ar
bwys yr Albert Hall, Abertawe, yn y dau ddegau, a
Ralph Wishart yn llefnyn ifanc newydd adael yr ysgol
yn gofalu amdani. Ac yn y siop honno y dechreuais i
brynu llyfrau ail-law. Prynodd Ralph y fusnes lyfrau
ail-law honno, a symudodd i siop fechan ar dop Alexandra
Road lle y bu am flynyddoedd lawer. Yn ystod blyn-
yddoedd coleg byddwn yn galw yno ar nos Sadyrnau
pan fyddai gennyf gyhoeddiad ar y Sul yn y cyffiniau, a
chwrdd yno ag eraill o'r un anian â mi, bechgyn â'u
bryd ar y weinidogaeth. Llyfrau diwinyddol yn bennaf
a bwrcaswn y pryd hynny o'm harian prin.

Yna, yn y flwyddyn 1930, euthum i'm gofalaeth gyntaf,
i Glydach-ar-Dawe—'Clytach' i wŷr Cwmtawe—a
chawn gyfle wedyn i alw yn Siop Ralph bron bob wyth-
nos. Yn y blynyddoedd hynny 'roedd Siop Ralph yn
gyrchfan nythaid o brydyddion megis Dylan Thomas,
Vernon Watkins, &c.—y mae darlun lliw o Dylan yn y
siop o hyd. Dywed Ralph y byddai'r bardd, yn nyddiau
ei lencyndod, yn troi i mewn yno am awr neu ddwy
ambell brynhawn, gan eistedd ar dwr o lyfrau diwinyddol
i dynnu lluniau dwdl o gorachod smala ar du-mewn
pecynnau sigarennau. Teflid y dwdls i'r fasged wedyn,
"ond byddai'r rheiny erbyn hyn," addefai Ralph yn
drist, "yn werth arian mawr petawn i wedi'u cadw nhw."
Unwaith neu ddwy y gwelais i Dylan Thomas yn Siop

Ralph, ac ni wnes lawer o sylw ohono, mae'n rhaid imi gyfaddef.

Nid cwmni'r prydyddion a sgrifennai yn Saesneg a chwenychwn i, ond cymdeithas rhai fel finnau oedd â'u bryd ar bwrcasu llyfrau Cymraeg a Chymreig. Pobl fel Dr. Gwent Jones a'i frawd, a'r Parchedigion Ieuan Phillips (a weinyddodd ym mhriodas Ralph) a W. R. Watkin, Llanelli. Yno hefyd, yn eu tro, y cwrddais ag Aneurin ap Talfan (fel y galwai'i hun y pryd hynny), a Rhydwen Williams, ac eraill.

'Roedd W. R. Watkin yn gasglwr *pob* math o lyfrau, a châi rywbeth at ei flas yn siop Ralph bron bob wythnos. Clywais Ralph yn tystio unwaith fod y sypynnau wythnosol hyn yn gryn brofedigaeth i Mrs. Watkin, druan. Byddai ef yn arfer pob dichell i'w cael i'w fyfyrgell heb yn wybod i'w briod, ond wedi iddynt gyrraedd i ddiogelwch y lle hwnnw ymgollai'r newydd—pe *newydd* hefyd— yn yr hen ! Pan ddaeth dyddiau W. R. Watkin i ben daeth cruglwyth mawr o'i lyfrau'n ôl i Siop Ralph, a chefais innau ac eraill ysglyfaeth fras wrth durio drwyddynt.

Symudais i Bontrhyd-y-fen yn 1939, ac o'r herwydd ni allwn ymweld mor aml â chynt ag Abertawe. Fe ddaeth y bomiau a'r chwalfa un teirnos fythgofiadwy, a phryderwn innau am dynged y siopau llyfrau. Chwalwyd siop Morgan a Higgs, ond er fy llawenydd 'roedd Siop Ralph ar ei thraed o hyd. Eithr clwyfwyd Ralph ei hun yn dost un noson yn ystod y cyrchoedd o'r awyr.

Gŵr cyfeillgar iawn yw Ralph, a pharod ei gymwynas i'w gwsmeriaid. Fe'ch cyferchir â chymaint o Gymraeg ag sy'n ei feddiant, ac fe'ch croesewir fel hen ffrind bob amser wrth gerdded dros y trothwy. Ac os na chewch chi ddim at eich blas y diwrnod hwnnw fe gân yn iach â chi'n serchus,—"*Come again, you may be lucky next time* !"

Cefais hyd i lawer o drysorau o bryd i'w gilydd yn
Siop Ralph, a'r rheini'n ddigon rhad. Pwy allai fesur fy
llawenydd wrth ddod o hyd i rifyn cyntaf *Aleluia* Panty-
celyn yno ! Copi anghyflawn ydoedd, y mae'n wir, ond
faint o gopïau cyflawn o rifyn cyntaf *Aleluia* 1744 sydd
ar gael ? Cefais yno hefyd nifer o lyfrynnau Dafydd
Wiliam, Llandeilo Fach, Morgan Rhys o Lanfynydd, a
Dafydd Jones o Gaeo, ynghyd â nifer helaeth o farwnadau
a baledi digon prin,—mân betheuach na cheir mohonynt
yn y Llyfrgell Genedlaethol. Mewn cyfrolau ' amryw '
y ceir y rheini, fel rheol, ac mewn cyfrol felly y deuthum
o hyd un diwrnod i farwnad Dafydd Jones o Gaeo i
Enoch Francis. A beth am argraffiad 1778 o *Hanes y
Bedyddwyr* Joshua Thomas, copi da wedi ei rwymo mewn
lledr—copi a fu unwaith yn eiddo i ryw "Thos Griffiths,
Penallt Howel". A'r papuryn deunaw tudalen a gyhoedd-
odd Joshua yn 1780 fel ychwanegiad i'w *Hanes*, a'r *History
of the Baptist Association in Wales,* 1795, a ddaethai o
lyfrgell W. R. Watkin. Trysorau mawr i gyd !

Ond y trysor pennaf, efallai, a gefais yn Siop Ralph
oedd cyfres gyflawn, bron, wedi eu rhwymo mewn hen
ledr, o'r *Weekly History*, papuryn wythnosol ffolio a
gyhoeddid yn 1741-42 gan ddiwygwyr Methodistaidd
Calfinaidd Cymru a Lloegr. Ac yna, ymhen ychydig
wythnosau ar ôl hynny, dod o hyd i gopi (prin i'w ryfeddu)
o ail argraffiad (1788) *Sacred Harmony,* llyfr tonau John
Wesley. Tystiai'r Parchedig Maurice Frost, awdurdod nid
bychan ar y maes, iddo chwilio'n ofer am gopi o'r ar-
graffiad hwn yn yr Amgueddfa Brydeinig ac yn Llyfrgell
y Bodleian yn Rhydychen.

Cefais yno hefyd lawer o gofiannau a chylchgronau
prin, a llyfrau'n ymwneud â hanes lleol ac eglwysi unigol.
Bu'n rhaid imi dalu swm go uchel am *The History of the
Vale of Neath* D. Rhys Phillips, ond erbyn heddiw fe'm

cysuraf fy hun â'r wybodaeth y gallwn gael amdano yn awr gymaint ddwywaith, o leiaf, y pris a delais i Ralph.

Yn un o ysgrifau'r llyfrbryf dygn hwnnw, J. H. Davies, Cwrt-mawr, fe goffeir rhai digwyddiadau rhyfedd, rhagluniaethol ynglŷn â chasglu llyfrau. Un digwyddiad felly—neu *gyfres* o ddigwyddiadau'n wir—a gofiaf fi. Un bore gwelais hysbysiad yn un o'r papurau Cymraeg fod "Bywyd a Gwaith Peter Williams" yn destun cystadleuaeth yn Eisteddfod Genedlaethol Aberteifi yn 1942. Prin oedd yr amser a ganiateid i'r gwaith, ond penderfynais gystadlu. Y prynhawn hwnnw, yn Siop Ralph, gwelais gopi o *Memoir* Eliezer Williams (1840), a oedd yn hanfodol i 'mhwrpas—cyfrol weddol brin hefyd, mi dybiaf. Yr wythnos wedyn, wele gopi o *Gofiant* bychan (1817) Owen Williams o'r Waun-fawr o'r ' gwrthrych '— hwnnw hefyd yn llyfryn digon prin—yn y siop, ynghyd â chyfrol ' amryw ' yn cynnwys *Rhai Hymnau ac Odlau Ysbrydol* (1759) Peter Williams. Ac yn ystod y mis dilynol cawn rywbeth newydd o hyd ar silffoedd Ralph,— llyfrynnau Peter Williams, gan mwyaf. Yr oedd fel petai ysbryd yr hen esboniwr wrthi'n ddyfal yn casglu'r eitemau hyn i gyd ar fy nghyfer yn Siop Ralph ! Ac yna'n sydyn, wedi imi ddod o hyd i beth wmbredd o ddeunydd, fe ballodd y ffrwd.

Mewn rhyw ystyr, *mynwent* hen lyfrau yw siop lyfrau ail-law, ond mynwent ag atgyfodiad yn perthyn iddi, gan fod y llyfrau'n mynd o law i law. Beth, tybed, sy'n digwydd i'r llyfrau hynny nad oes dim modd i'w gwerthu mwyach ? Miloedd lawer o esboniadau yn eu plith, a llyfrau diwinyddol di-rif, mae'n ddrwg gennyf ddweud. Fe ânt am dymor, efallai, i ryw limbo,—y bocs hwnnw sy'n cynnwys llawer o *junk* y cewch chi bopeth ynddo am ryw ychydig geiniogau yr un. Ac yna, yn ôl a ddywedodd

Ralph wrthyf yn ddiweddar, fe anfonir tunelli ohonynt—
yr hen lyfrau anwerthadwy—i Gastell-nedd. Ac yno fe
gânt eu pylpio drachefn a'u troi'n bapur neu gardbord.

Fe ddaw dydd ond odid y bydd yn rhaid gwneud
rhywbeth â'r pentwr llyfrau sydd yn fy meddiant i. Y
mae'n ddigon tebyg yr â'r rhai prinnaf ohonynt i'r
Llyfrgell Genedlaethol, ond am y gweddill ni byddai dim
yn well gennyf na'u gweld nhw'n cael eu hanfon i'r
"fynwent" yn Siop Ralph, a chael "atgyfodiad" yno i
fywyd gwell ym myfyrgell rhywun arall. Ond pell y
bo'r dydd hwnnw !

Barn, Ionawr 1968.

Gᴡᴀɪᴛʜ difyr, wrth drafod hen lyfrau, yw sylwi ar ambell nodiad a welir ynddynt ar ymylon y tudalennau, ac ar y cloriau a'r dail gwynion a berthyn iddynt. Nid dibwys ydynt chwaith o sabwynt yr hanesydd, oblegid fe ddiogelwyd ffeithiau hanesyddol a ieithyddol gwerthfawr yn y nodiadau gwasgarog hyn. Enghraifft nodedig o hynny yw'r nodiadau a wnaeth rhyw fynach ar ymylon tudalennau Llyfr St. Chad ; bernir gan ysgolheigion taw'r nodiadau hyn yw'r Cymraeg ysgrifenedig hynaf sydd ar gael heddiw.

Wrth feddwl am hyn euthum ati i chwilio drwy'r hen lyfrau ar fy silffoedd, ac fe'm synnwyd gan amrywiaeth y deunydd a ysgrifennwyd ynddynt o bryd i'w gilydd gan eu hen berchnogion. Wrth gwrs, mewn hen Feiblau y ceir rhai o'r nodiadau mwyaf diddorol—croniclau teuluol o briodasau, bedyddiadau a marwolaethau, a phethau felly.

Y mae rhai llyfrau'n werthfawr yn fy ngolwg oherwydd enwau eu perchnogion cyntaf. Llyfryn bychan felly yw *The Voyce of Truth or the High Way leading to True Peace.* a argraffwyd yn Gant yn 1676 gan "Robert Walker at the signs of the Annunciation of our Blessed Lady". Traethodyn bychan pabyddol ydyw, wedi ei rwymo mewn lledr ar gloriau pren, ac uwchben ei deitl ceir "How. Harris. 1741. 2d." Beth a barodd i Harris dalu dwy geiniog am draethawd cyfriniol o'r natur yma ? "William Thomas his Book" sydd ar ddalen-deitl un o bregethau Daniel Rowland, *Llais y Durtur*, &c. (1762), a chan taw yn ardal y Pîl ym Morgannwg y prynais ef bydd yn hawdd i Fethodyn o Forgannwg adnabod ei berchennog cyntaf, sef yr hen gynghorwr William

Thomas o'r Tŷ-draw, Pîl. Prif ddiddordeb y llyfr twyll-
odrus hwnnw, *Cyfrinach Beirdd Ynys Prydain* Iolo Mor-
ganwg, i mi yw'r llawysgrifen fain, gain sydd o'i fewn :
"Evan Jones, ysef Ieuan Gwynedd : Ei oed fydd 17
mlwydd y 5ed Dydd o Fedi, 1837." Ni wyddom lawer
am ysgolfeistri'r Ysgolion Cylchynol gynt, ac oblegid
hynny balch wyf o'r enw a ganlyn sydd yn fy nghopi o
*Hyfforddiad i Wybodaeth Iachusol o Egwyddorion a Dyled-
swyddau Crefyddol*, Griffith Jones, 1741, sef "John Jones
Welch Schoolmaster at Llanddew Breconshire".

I ddod at gyfnod diweddarach, balch wyf fod fy
nghopïau i o dri o lyfrau George Eyre Evans yn dwyn
enw urddasol John Edward Lloyd o'u mewn, a'r blyn-
yddoedd y pwrcaswyd nhw wedi eu nodi gan y rhifolion
Lladin MCMIV, MCMV ac MCMXXXIII. Clasurwr oedd ef
ym mhob peth.

Ond enwau digon anadnabyddus sydd y tu-mewn i lawer
o'm llyfrau. Pwy oedd y dyn hoffus a ysgrifennodd y
tu-mewn i argraffiad 1807 o *Hyfforddwr* Thomas Charles—

> Edward Winstone his hand an pen
> god give me gras to right agen
> Mrowch i bawb heb fod in smala
> i ddisci gwaith sir Chals or bala ?

Un o Ddyfed, a barnu wrth ei ddull o sgrifennu. A phwy
oedd y brydyddes hon, a ysgrifennodd yn *Aleluia* Panty-
celyn, 1775—

> Elizabeth Evans her book
> the Lord of heaven upon her Look ?

Gosododd llawer o bobl ôl eu dwylo ar fy nghopi
anghyflawn prin o'r chweched rhifyn o *Aleluia* Pantycelyn,
1747 :

> *Elizabeth Thomas her Book* 1749
> *William Meyler his Hand and Pen*
> *Jane Oakley her Book aged* 11 *years august last*
> *Martha Morris her Book aged* 21 *April* 6, *God bless*
> *king George and all his noble men.*
> *Richard Thomas his Book*

Gwyn eu byd i gyd, canys braint oedd bod yn ieuanc
y dyddiau hynny. Yn fy nghopi o *The historie of Cambria,
now called Wales*, Dr. David Powel, 1584, fe geir y rhigwm
uchod yn llawn :

> *Thomas Howell his hand and pen,*
> *God Save the King & all his noble men.*

Ceir llawer o nodiadau ar ymyl y ddalen o 'nghopi i o
esboniad Thomas Jones, Caerfyrddin ar Bum Llyfr Moses,
a fu'n eiddo unwaith i rywun ar lannau Teifi. Dyma rai
ohonynt, allan o ddegau :

> *Morgan Jenkin Cardigan Died on the Road from New-
> castle to Kenarth, mile coch.*
> *Date y Flwythyn yw sydd ar careg mylltyr sydd ar Pen-
> rhyw Benfedw* 1704.
> *Revd David Jones yn madel o Trewen a mynd i America
> Sep.* 1865.
> *Bili Tom Rees yn Tori Calon yn Mhen Tair wythnos
> ar ol ei fab* 1850.
> *Hendry Morris Blaensylltin yn mynd Dros y Bont
> Abertivi yn feddw a Boddi yno* 1851.

Dyna ddigon i ddangos y gellir dod o hyd i lawer o
fanylion hanes lleol y tu-mewn i hen lyfrau.

Dosbarth nodedig o lyfrau oedd llenyddiaeth ddadleuol
y ganrif ddiwethaf. Ar ddiwedd traethawd bychan ar
Fedydd Babanod ceir y geiriau ysgubol hyn : "*Dyma*

lyfr a heudde ei losgi." Ond ei rwymo mewn cyfrol 'Amryw'
fu ei ffawd serch hynny. Yn *Yr Athrawiaeth Uniongred,*
Dr. Hodge, traethawd dadleuol yn erbyn golygiadau
diwinyddol un Dr. Beman, fe geir dau bennill difyr iawn.
Thomas Evans oedd ei berchennog cyntaf, ac fe'i cafodd
yn rhodd gan ei frawd, John, yn Awst 1853, ac ef ond
odid oedd y prydydd :

> Wrth roi i chwi y llyfr yma,
> Rwy'n gobeithio fe'ch goleua,
> Nes cashewch a chyfri'n aflan
> Gau athrawiaeth Dr. Beman.
>
> Os pregethwr fo'n pregethu,
> Chwithau'n gwrando a'i fawr hoffi,
> Yn y fan, O deuwch allan
> Os try o ochr Dr. Beman.

O drugaredd, ni cheir neb yn cerdded allan mewn protest
yn erbyn gau athrawiaeth o'r oedfeuon heddiw.

Yr unig englyn a welais yw hwnnw sy'n fy 'nghopi i o
ail argraffiad *Drych y Prif Oesoedd,* 1740 ; dywedir ynddo,
ar ôl enwi'i berchennog cyntaf, "John Bowen anno
Domini 1741" :

> Y ffeiriaid oe'nt euraid cyn oeri Crefydd,
> > Cryf oeddynt mewn Gweddi ;
> Yn awr Meddwdod sy'n codi,
> 'Nifeiliaid yw'n Bugeiliaid ni.

Buasai'r Dr. Lewis Edwards o'r Bala yn crychu'i aeliau,
mae'n ddiau, pe gwelsai ef yr ' englyn ' bondigrybwyll
a ganlyn ar ddalen wen *Y Traethodydd,* 1849 :

> Dyma draethwr difyr iawn
> > Yn llawn o bob rhinweddau ;
> Ac ynddo mae hanesion dwys
> > O bwys ar amryw bynciau.

Chware teg i John Jones, yr 'englynwr', pwy bynnag ydoedd, am iddo brynu'r *Traethodydd* a mynegi'i farn mor ddestlus arno.

Y mae ambell nodiad yn peri imi ramantu. Yn fy nghopi o *Hanes Cymru*, Carnhuanawc, 1842, fe geir hyn :

> Thomas Bevan (Tomas ap Ieuan) yw Perchennog y Llyfr hwn, 1854 (*ac yna mewn ysgrifen arall*), Prynais gan ei Weddw, Hugh Williams, 1881.

Ie, fel yna y digwydd hi yn hanes llyfrau ar ôl marw eu "hiawn berchennog"—mynd o law i law. Mewn copi o *Casgliad o Hymnau . . . y Trefnyddion Calfinaidd*, 1841, fe ddywedir :

> William Jenkins sailed for Australia the 21st day of May, 1857.
> > *When far away on Land or Sea,*
> > *My dearest Friend remember me.*
> > William Llewelyn.

Ar ddiwedd hen lyfr a fu'n eiddo i un o'm hynafiaid fe geir y nodyn diddorol hwn—"*John Lewis, writen with an Iron Pen.*" Â chwilsen, y mae'n debyg, yr arferai ysgrifennu, ond yn 1823 fe gafodd afael ar bin haearn,—*steel nib*, a hynny'n beth newydd !

I ddiweddu, wele bennill o emyn o gopi yr un John Lewis o'r *Rhyfel Ysbrydol*, John Bunyan, 1813 :

> Rwy wedi blino canu
> A nhelyn ar y coed
> Trwy waelod dyffryn galar
> Mae ffordd y saint yrioed
> A gwawria'r hyfryd forau
> I'm ddod i'm tawel nyth
> A'r llyffaint yn yr afon
> A fi'n ddihangol byth.
>
> *Y Drysorfa*, Chwefror 1944.

DECHREUAIS ymddiddori mewn enwau lleoedd pan oeddwn yn grwt ifanc, a hynny wrth ddyfalu beth oedd ystyr enw'r bwthyn yn ymyl fy nghartref, sef Y Glwmbwr. Pery'r enw hwnnw'n gymaint o ddirgelwch imi heddiw ag ydoedd yn nyddiau fy machgendod. Ni wyddwn y pryd hwnnw, wrth gwrs, am sylw Syr John Morris Jones wrth Syr Ifor Williams : "'Fydd 'na neb ond ffyliaid yn treio esbonio enwau lleoedd !" Ond ar hyd fy oes, wrth grwydro obeutu'r wlad, mi fyddaf yn sylwi ar bob math o enwau anghyffredin gan dreio'u trysori nhw yn fy nghof.

Mae'n rhaid fod gan yr hen bobol ddawn arbennig iawn i lunio enwau persain, a bydd fy nghalon yn llamu o'm mewn bob tro y deuaf ar draws enwau newydd, trawiadol. Wrth edrych unwaith ar garreg fedd ym mynwent Pentre Tŷ-gwyn ar bwys Llanymddyfri, fe sylwais mai Gwegil Hindda oedd enw cartre'r gŵr a orweddai dani. Y mae'r enw hwnnw, fe debygwn, yn berthynas agos i Bola Haul yn yr un sir ! 'Roedd beddrod arall yn yr un fynwent yn coffáu teulu Pant y Mwmphri —ond pwy neu beth yw *Mwmphri*, ysgwn i ?

Ar lechwedd heulog uchel, uwchben Dyffryn Tywi nepell o Gefnberrach, y mae ffarm o'r enw Golwg y Byd. Wrth sefyll ar glôs y ffarm honno, ac edrych i lawr, ni bydd angen ichi gyrchu at Syr Ifor Williams neu'r Athro Melville Richards i gael eglurhad ar yr enw. Islaw Golwg y Byd y mae Tywi fonheddig yn ymddolennu'n araf ac yn llusgo'i ffordd yn ddioglyd o Landeilo i Gaerfyrddin.

Pan oeddwn yn fyfyriwr yn Nhrefeca, cofiaf imi ddod ar draws rhai enwau anghyffredin yn sir Frycheiniog. Dyna'r Gelli Geilioges ym mhlwyf Llanddw, er enghraifft.

Onid yr *iar* yw cymar y ceiliog ? A dyna Gwrt y Plufyn yn Llanfilo,—ai oddi wrth y geilioges bondigrybwyll y cafwyd y plufyn hwnnw ? Enw i'w ryfeddu yw Agen Allwedd am ogof yn y graig galch yn ne-ddwyrain y sir. Dylwn sôn hefyd am Fwlch Tua Thre, y bwthyn a gododd yr Hybarch David Williams, Troedrhiw Dalar iddo'i hun. Swynwyd y bardd, J. J. Williams, â'r enw hwnnw, a chanodd gerdd hyfryd i geisio'i esbonio :

> Crwydrai'r praidd ar gefn y mynydd
> Yn ddiamcan yn y glaw,
> Gwell oedd tamaid prin y moelydd
> Nag wynebu'r bwlch, 'fan draw ;
> Ond gwelai'r ddiadell 'r ôl cyrraedd y lle
> Fod bwlch y mynydd yn Fwlch Tua Thre.

Damhegu wedyn, yn null pregethwr, a'i droi'n fwlch yr argyhoeddiad a bwlch marwolaeth, a gyrru'r gwirionedd adref fod pob un o'r rheini'n "Fwlch Tua Thre".

Pan oeddwn yn byw ym Morgannwg, deuthum ar draws rhai enwau tlysion a thrawiadol, megis Rhiw Tor Calon, Ffynnon Ceffyl Bal, a Gwachal Foddi ym mhlwyf Margam. (Clywais fod lle o'r enw Gwachal Dagu rywle yn sir Aberteifi). Gŵr o athrylith fawr a luniodd yr enw Bogelegel (Bocelecel ar dafodau'r brodorion), ym mhlwyf Llan-giwg. Hoffais yr enw Orgro ym mhlwyf Llan-dudwg, y ffermdy y canodd rhyw brydydd gwlad y triban a ganlyn iddo :

> Fi gerddas Fargam drwyddo
> Am bip'id o dybaco,
> Ond tra fo ynwy' anal 'hwŷth
> Mi gofia byth am Orgro.

Cefnais ar Forgannwg yn 1958, ac i eithaf y gorllewin â mi, i ffeindio ar unwaith fod hud ar Ddyfed, hyd yn oed

ynglŷn â'i henwau lleoedd. Sylwais fod ardal Tyddewi
yn gyfoethog iawn. Enwau megis Clegyr Fwya, Loch-
dwrffin, Cerbyd, Mesur y Dorth, a Threwellwell. Ffermdy
go helaeth yw'r olaf yn ymyl Caerfarchell, ac ni allai neb
o'r ardal roi imi esboniad arno. Yr oeddwn yno ar fore
Sul, a sylwais fod y ffarmwr a oedd yn byw yno yn lladd
gwair. Awgrymodd un o frodorion Piwritanaidd y fro,
wrth weld y Sabath yn cael ei halogi, y dylid newid yr
enw a'i alw'n Drewaethwaeth ! Pa fodd bynnag am
hynny, llecyn dymunol iawn yw Trewellwell, a rhwng
y ddwy oedfa ar y Sul hwnnw, pryd y dylaswn fod â
'mryd ar bethau gwell, fe'm cynhyrfwyd i lunio limrig,
gan gynnal yr odl ddwbwl drwyddo. Wele ffrwyth yr
awen y Sul hwnnw :

> Byddai'n well genny' fyw yn Nhrewellwell
> Na byw mewn rhyw babell neu hellgell ;
>   Pe bawn i mor ffôl
>   Â mynd i'r North Pôl,
> Awn yn ôl i Drewellwell o bellbell.

Bûm ar ginio ar ryw Sul mewn ffermdy braf o'r enw
Bwced, ar bwys Tre-cŵn (ond "Buckette", yn ffansïol,
ar y map). Ymffrostiwn innau wrth fy mhriod y noson
honno imi gael fy nghinio mewn bwced !

Yn ymyl Brynberian ceir lle o'r enw Castell y Glonc.
Un o ystyron *clonc* yw cleber, baldordd, chwedlau ; a
chloncan (mewn rhai ardaloedd) yw hel straeon neu
chwedlau. Ond efallai taw math arall ar glonc sydd yma,
tir tolciog, pantiog, anwastad ; ac efallai mai'r ystyr
hwnnw sydd i'r enw. Ond cystal inni dderbyn Castell y
Glonc fel y mae, a rhyfeddu at y fath enw wrth fynd
heibio i Frynberian.

Ceir enw rhyfedd ar gapel y Bedyddwyr ym mhlwyf
Llanddewi Felffre ar y ffin rhwng siroedd Penfro a Chaer-

fyrddin. Adeiladwyd ef, yn ôl Joshua Thomas, hanesydd y Bedyddwyr, dan nawdd eglwys Rhydwilym a'i alw "Ffynnon-well-na-buwch ; yn gyffredin y Ffynnon". Y mae'r enw hynod hwn wedi fy ngoglais er pan glywais ef gyntaf. Ym mha ystyr, tybed, yr oedd y ffynnon honno'n well na buwch ? Ai am fod ei dyfroedd yn rhagori ar laeth y fuwch i dorri syched ? Os felly, gellid dadlau fod *pob* ffynnon yn well na buwch ! Ni allaf ond rhyfeddu at ddychymyg—neu fenter—y bobl a luniodd y fath enw ar *gapel*.

Yn ymyl Tyddewi y mae capel bychan perthynol i'r Annibynwyr yn dwyn yr enw hyfryd Rhodiad y Brenin. Dyma'r chwedl sydd ar y garreg ar ei fur :

> Yr adeilad hon a Sylfaenwyd 14eg o Fehefin 1784.
> Agorwyd yn lle o Addoliad ar y 19eg o Ionawr 1785
> ac a Alwyd—RHODIAD Y BRENIN

Rhodiad y gelwir y capel bychan gan yr ardalwyr, ond trist yw cofnodi nad oes nemor neb yn *rhodio* i'w gynteddoedd bellach.

Y mae rhyw lurgunio rhyfedd ar enwau lleoedd mewn rhai ardaloedd yng Nghymru. Pan oeddwn ym Morgannwg methwn yn deg â dirnad beth oedd "ddy Wyrn" yn Aberafan,—felly y swniai ar dafodau'r bobl ; eithr gwawriodd arnaf yn sydyn un dydd taw at Gapel y Wern, sydd yng nghanol yr hen ddarn o'r dre, y cyfeirid. (Gyda llaw, "Wyrn Chapel" a glywais hefyd wrth ymweld â'r addoldy lle gorwedd gweddillion yr enwog Williams o'r Wern).

Y mae'n arfer gan bobl neis rhai ardaloedd yn y De i alw "Pôth-*call*" ar y dref glan-y-môr lle mae un o olygyddion *Y Genhinen* yn byw. Hynny ond odid a gynhyrfodd awen un o'n prydyddion i ganu :

Mae gan ddysgedigion yr hawl
I ddweud *iechydwriaeth* a *Phawl* ;
    Ond dwedwch, pwy *ddiall*
    A roddodd yr *hall*
I ddwedyd Pôth-*call* ar Borth-cawl ?

Fe erys yr hen ddileit o hyd mewn enwau lleoedd ar ôl
imi ddychwelyd i'r hen ardal ym mro fy mebyd yn Sir
Gâr. Yr oeddwn yn tynnu'r ysgrif hon i ben, ac yn
gweithio yn yr ardd am yn ail, pan ofynnais i'r gŵr sy'n
byw y drws nesa, "Ymhle y cawsoch chi'ch geni ?" Ei
ateb oedd, "Mewn hen fwthyn ar gwr y pentre 'ma o'r
enw Gwaith y Gŵr Bach." Cofiais am yr hen fwthyn,
ond peidiwch â gofyn i mi pwy oedd y gŵr bach na beth
oedd ei waith.

Caf gyfle yn awr i fynd dros yr hen enwau tlysion a
thrawiadol, a rhyfeddu o'r newydd at rai ohonynt.
Enwau fel y Bwlarth, Cefnblewyn (cartref fy hen famgu
o ochr fy mam), Gwaun-clun-cath, Hen Gegin, Cefn
Mwng (lle trigai fy hen gydweithiwr gynt ym Mhencae'r
Eithin, y diweddar Ddr. D. J. Davies, Pantybeilïau),
Clwyd-y-fyrch (lle magwyd y Parch. William Jenkins,
gynt o Langefni), Meddynfych, Castell Rhingyll, Rhyd-
y-biswail, Gwal-yr-hwch (lle bu Twm o'r Nant yn cario
coed yn ystod ei drigias yn Sir Gâr), ac yn y blaen. Ac
efallai yr af ati ryw ddydd i'w rhestru a cheisio'u hesbonio,
gan anghofio sylw Syr John wrth Syr Ifor, a diystyru'r
hen air, *Henach, henach* ; *ffolach, ffolach* . . .

Y Genhinen, Hydref 1970.

Yr oeddem yn bur bryderus y dydd hwnnw ar ein ffordd i Gwrdd Misol Awst, mi gofiaf yn dda, oblegid yr oedd holi'r myfyrwyr ar y rhaglen. Cynhelid y Cwrdd Misol yn un o dai-cyrddau bach y wlad yng Ngogledd Myrddin —yng Nghynghordy, nepell o grud y sasiynau cyntaf ac ym mro magwrfa'r emyn. 'Roedd tri ohonom yn fyfyr-wyr ar y pryd, a chawsom ar ddeall yn fuan ar ôl cyrraedd mai Joseph Jenkins, gweinidog y Tabernacl, Llanymddyfri oedd i'n holi. Parodd y newydd yna inni ofni'n fawr iawn.

O'r diwedd daeth yr adeg i holi'r myfyrwyr, a galwyd ni 'mlaen i un o seti blaenaf y capel bach. Nid wyf yn cofio bellach pwy oedd y Llywydd, ond yr Ysgrifennydd oedd yr Hybarch Thomas Phillips, Siloh, un o bregethwyr hynotaf ac anwylaf Sir Gâr yn ei ddydd, gyda'i ddawn drwynol hen-ffasiwn a'i ddychymyg byw. 'Roedd dau weinidog arall yn y Sêt Fawr, un ymhob cornel, ond ni chofiaf paham ychwaith yr oeddynt wedi eu hanrhydeddu felly. Y ddau yn wŷr gradd, ond ni thalai ichi holi'n rhy fanwl ym mhle nac am beth y cawsant eu graddau.

Cododd Joseph Jenkins ar ei draed, a thaflodd ei lygaid yn chwim i gyfeiriad corneli'r Sêr Fawr, a gwnaeth sŵn yn ei wddwg—rhyw hanner crafiad neu chwyrnu. Yna, tynnodd ei lyfr bychan cyhoeddiadau o'i boced, a gofyn-nodd inni'n ddidaro, "Oes un o'r rhain gyda chi, fechgyn ?" Atebasom yn y cadarnhaol. "Mynnwch *ddau* ohonyn nhw," mynte fe, "un i gadw'ch coeddiade, a'r llall i gadw addewidion y blaenoried". Cic fach ysgafn, ond odid, i annog gwŷr y "llyfr bach" i gynnig cyhoeddiad i ni cyn diwedd y Cwrdd Misol.

Ac yna fe ddechreuodd ar yr holi, gan gychwyn gyda'r

hynaf ohonom, fe debygwn, a'r ymddiddan yn mynd
yn y blaen fel hyn :

"Wel sefwch chi'n awr, ymhle'r ŷch chi ar hyn o bryd,
Mr. Williams ?"

"Yng Ngholeg y Brifysgol yng Nghaerdydd."

"Odych chi'n gwitho am radd yno ?"

"Dyna 'mwriad i'n awr, Mr. Jenkins."

"Da 'machgen i. Gwnewch 'ch gore, da chi, yn yr
amser sydd ohoni."

Yna, fe droes at yr ail ohonom, brawd a fu am rai
blynyddoedd yn yr Ysgol yn Nhrefeca, ond yn bur
aflwyddiannus yn yr arholiadau, er y gwyddai fwy am
ddirgelion yr iaith Roeg na neb ohonom yn Nhrefeca.

" 'D oes dim eisie gofyn ymhle'r ŷch *chi*, Mr. James.
Beth yw'ch profiad chi erbyn hyn ?"

"*Os dof fi trwy'r anialwch*, Mr. Jenkins, *rhyfeddaf fyth dy
ras*. Dyna 'mhrofiad i". A chydymdeimlai pawb ag ef.

"Wel, frawd annwyl, fe all gras wneud pethe rhyfedd
ambell waith. . . . . Odych *chi* am ga'l gradd ?"

"Duw'n helpo i, Mr. Jenkins ! Mi fyddwn i'n ddiolch-
gar iawn pe cawn i ddrws agored rywbryd i fynd i'r
Coleg Diwinyddol yn Aberystwyth, heb sôn am radd."

"Wel, James bach, gwnewch 'ch gore. *Pwy a ŵyr na
wrendy clustiau . . . ?* Fe all gras neud pethe mawr, ond
iddo ga'l 'i gyfle."

Ac yna fe droes ataf fi, yr ieuengaf o'r tri, gan ofyn i
minnau yr un cwestiwn rhagarweiniol.

"Odych *chi* am fynd miwn am radd, frawd ifanc ?"

" 'Dwy'i ddim yn siŵr ar hyn o bryd, Mr. Jenkins,"
atebais innau.

"Beth ŷch chi'n feddwl ?"

"Mae hynny'n dibynnu ar ganlyniad yr arholiad
ddwetha,"—yr oeddwn newydd eistedd arholiad y
matriculation ychydig amser cyn hynny, ac yn ofni'r

canlyniad. Fe gliriodd Joseph Jenkins ei wddwg unwaith eto, a dechreuodd ein hannerch ni.

"Wel bois," meddai'n araf a phwysleisiol, "os gallwch chi ennill gradd, gnewch hynny ar bob cyfri, oblegid mae'r blaenoried yn yr holl eglwysi yn meddwl y byd am y gradde 'ma. Ond pidwch â blino dim os *na* chewch chi radd ! 'Doedd gan yr Apostol Paul, am wn i, yr un gradd o gwbwl, ac fe wna'th e waith da iawn. Mi ewch i'r nefo'dd *heb* radd, oblegid ' *Mae drws y nef o led y pen* '— nid o led y gynffon. *Ond*," (gan godi'i lais), "os *gradd*, gradd *dda*, na fydd dim cwilydd gan yr un ohonoch chi 'i harddel hi" (gan daflu'i lygaid i un o gorneli'r Sêt Fawr), "na dim ofon cyfadde o ble y da'th hi," (gan daflu llygad i'r cornel arall). "Gwnewch 'ch gore fechgyn, a'r Arglwydd a'ch bendithio chi."

A dyna ddiwedd yr holi, hyd y cofiaf. 'Doedd neb, am ennyd neu ddwy—hyd yn oed y Llywydd—yn gwybod yn iawn beth oedd i'w wneud nesaf. Taera rhai, a oedd yno, iddynt glywed Thomas Phillips yn sibrwd yn uchel yng nghlust y Llywydd am iddo ofyn i'r ddau frawd yn y Sêt Fawr i gynnig a chefnogi diolch i'r holwr. Ond gwelodd y Llywydd y golau coch, ac fe herciodd yn wyllt, "Wel, frodyr, fe awn ymlân yn awr at y mater nesa ar y rhaglen."

Fe sylwodd aelodau'r Cwrdd Misol fod y ddau frawd "graddedig" yn dawel iawn yn ystod gweddill yr eisteddiad, er eu bod fel rheol yn ddigon siaradus. Bu'r callaf o'r ddau yn ddigon doeth i sleifio 'maes o'r Sêt Fawr ymhen rhyw bum munud, ond daliodd y llall ei dir hyd y diwedd.

A'r tri myfyriwr ? Profiad y tri ohonom oedd na fyddai dim ofn Joseph Jenkins arnom fyth mwyach.

Y Goleuad, 15 Chwef. 1961.

Digwyddais sôn yn y seiat yn niwedd mis Awst imi letya dros un o Suliau'r gwyliau ym Mhwll Cenawon, Pen-llwyn. "Mi gafodd un o'ch ffrindie mawr chi 'i eni yno, Mr. Jones," myntwn i, wrth agor y seiat. "Pwy o'dd hwnnw?" gofynnodd yntau. "Dr. Lewis Edwards y Bala," oedd fy ateb innau. Gwenodd yr hen frawd, ond ni ddywedodd yr un gair. Cyn hir fe ddaeth ei dro i ddweud gair yn y Seiat, a chan iddo ddweud yr un stori wrthyf beth amser cyn hynny, a'i hailadrodd wrthyf fi a chydweinidog ar ei glaf wely ar ôl hynny, y mae'r hanes i gyd wedi ei argraffu ar fy nghof. Gwnaf fy ngorau i'w hadrodd, yn ei eiriau a'i dafodiaith bersain ei hun.

" 'Ro'dd y gwinitog yn sôn gynna fach," (mynte fe), "am y Dr. Lewis Edwards. 'Rwy'n cofio'n dda iawn y tro cynta y clywas i sôn am 'i enw. Crwt ifanc own i prytynny yn Ysgol Sul y capal, ac yn dicyn bach mwy meddylgar na'r lleill yn y dosbarth. ' Gwell i ti Defi fynd ymlâ'n i'r dosbarth nesa,' mynta'r arolygwr un Sul ; ' cer i ddosbarth John Lewis '. Ac fe es i yno yn ddicon diniwad. Yn yr epistola, rwla, o'dd y wers, a sylwas ar y bechgyn wrth esbonio'r adnod dan sylw yn gnuthur sylwata go dda arni hi. Ond dyna ddwede John Lewis ar ôl amball un, ' Nid felna y ma *Athrawiath yr Iawn* yn gwêd.'

"Ar ôl mynd ma's o'r Ysgol, a dechra siarad â rhai o'r bois o flâ'n y capal, fe ofynnas i'n eitha diniwad, ' Beth yw'r *Athrawiath yr Iawn* yna 'rodd John Lewis yn sôn amdano yn y dosbarth heddi ? ' Edrychodd un o'r bechgyn arna i'n hurt. ' Wyddost ti ddim ? ' mynta fa. ' Na wn i'n wir, ' myntwn inna. ' Y machgan annwl i, *llyfyr* yw a.' ' Llyfyr ? ' ' Wel am ia, llyfyr y Doctor

Lewis Edwards o'r Bala.' 'Faint yw 'i brish a ?' myntwn i, gan feddwl y gallswn i brynu rwpryd. 'Hannar coron, 'rwy'n meddwl,' mynta ynta—' Cer lawr i siop Tomos Jones, Abrafan, y mae'n siŵr fod copi ganto miwn stoc.'

"A'm helpo i'n brudd ! Hannar coron ! Ym mhle y cewn i hannar coron, a mam yn witw, a'r arian mor fach fel oeddan nhw'r prytynny. Ond fe ddwetas wrth mam 'y mod i am ga'l y llyfyr, costied a gosto. Dyma fi ati ar unweth i gasglu'r hannar coron bob yn ginog a bob yn ddima. O'r diwadd, yn siŵr i chi, dyma fi'n mynd lawr i Abrafan cyn gynted ag y des i ma's o'r twba, a cherad bob cam ed—'do'dd dim bysys y prytynny fel sy'n awr. Weti cyrradd y dre, miwn â fi i siop Tomos Jones, a gofynnas iddo, ' O's llyfyr gyta chi o'r enw *Athrawiath yr Iawn* ?' ' Pwy sy am ga'l copi ?' mynta'r siopwr, gan etrych arna i. A dyma finna'n atab yn 'i wymad a, ' *Fi*, pwy ychi'n feddwl ?' Edrychws ar rai o'r shelffydd am funad ne ddwy, ac yna mynta fa ' Nago's, ma'r copi dwetha weti mynd. Wyt ti'n strict am ga'l un ?' ' Wel am otw,' myntwn i, ' mi ddes i'r dre 'ma heddi'n unig swydd i brynu copi '. ' Reit ', mynta'r siopwr, ' dere di lawr yma y Satwn nesa, ac fe fydd copi yn dy aros di. '

"Ddiwetydd Satwn wetny, dyma fi lawr unweth yto, a'r hannar coron yn 'y mhocad. A gwir i ddywedws a, 'ro'dd y llyfyr yn barod i fi ar y cowntar, a rhois inna'r hannar coron amdano, a bant â fi tsha thre a'r llyfyr o dan 'y nghesal i—'ro'dd a dicyn bach yn rhy fawr i fynd i 'mhocad i. ' Mam ', myntwn i, wrth gyrradd y tŷ, ' ma'r llyfyr *weti* dŵad o'r diwadd.' ' Da machgan i,' mynta hitha wrth 'y ngweld i'n acor y llyfyr, ' ond byt dy swpar yn gynta. ' Ar ôl swpar, dyma fi'n dechra darllan, bobi bennod yn 'i thro, a rhw dair ne betar pennod arall ar y Sul. Ond bobol fach ! 'down i'n diall *dim* ohono—dim *gair* ! 'Rown i'n rhy ifanc, chi'n gweld—pwy ddishgwl

o'dd i grwt ifanc fel fi ddiall un o ddifeinars gora Cymru ?
Ond fe ddarllenas i'r llyfyr unweth yto, a rhw ddwy ne
deirgwaith wetny, ond 'down i ddim sopyn callach.
Pwy dda'th hibo rw ddydd a 'ngweld i'n darllan ond
Tomos Tomos—tad y bechgyn 'ma,' (gan nodi dau
flaenor yn ei ymyl). ''Be wyt ti'n ddarllan, Defi ?'
mynta Tomos Tomos. '*Athrawiath yr Iawn*', myntwn
inna'n stansh. 'O'm helpo i'n brudd, Defi bach, rho fa
hibo pryd y mynni di,' mynta fa. 'Pam 'te ?' myntwn
inna. 'Rho fa hibo, oblegid ddei di fyth i'w ddiall a,'
mynta Tomos Tomos. ''Rw i weti prynu'r llyfyr 'ma i'w
ddarllan a'i *ddiall* a, Tomos Tomos,' myntwn i, 'a'i
ddarllan a'i ddiall a *wna* i tawn i'n trengu wrth neud
hynny,' wetas inna. Ond 'ro'dd Tomos Tomos yn itha
reit, ac mi rois i'r llyfyr hibo o'r diwadd yn y cwpwrt.
Ac yna y bu a hefyd am rai blynydda.

"Ond i dorri'r stori'n fyr ichi, 'rown i erbyn hyn yn
darllan shaw o lyfra, ac weti prynu sopyn ohonyn nhw—
Gwaith Gurnal, Diwinyddiath Hodge, Catecism Brown,
a Chysondab y Ffydd yr hen Gynddylan. Un diwarnod
wrth dwrio yn yr hen gwpwrt llyfra fe ddes ar draws
Athrawiath yr Iawn. 'Dere di'r hen lanc,' myntwn i
wrtho, 'yr wy'n ddicon o ddyn yn awr i dy daclo di,' ac
fe ddechreuas ddarllan. A tawn i yn y fan ichi, tsha cenol
y llyfyr—fe wyddoch chi'r difeinars am y bennod honno,
fe ddes i ar draws y frawddag sy'n gwêd mai ' yr haeddiant
yw hanfod yr Iawn.'. Caeas y llyfyr. 'Nâce,' myntwn i
wrth y'm hunan, 'Nâce, 'rwyt ti'n camsyniad, Doctor
Lewis Edwards.' Yna, fe drois nôl dicyn bach, i ail-
ddarllan 'i farn a ar yr haeddiant. Wyddoch chi, 'rodd
yr hen ddoctor weti 'i cholli hi, reit i wala. 'Nâce,'
myntwn i unweth yto, y tro yma yn ychal, a mam yn 'y
nghlywad i,—' nid yr haeddiant yw hanfod yr Iawn, ond

yr Iawn yw hanfod yr haeddiant!' A fanna rw i weti sefyll hyd heddi.

"Ych chi'n gweld, bobol ifinc, pan ddechreuas i yn yr Ysgol Sul 'down i ddim yn gallu diall Dr. Edwards y Bala, ond wedi stico ati am rai blynydda, fe ddes i nid yn unig i'w ddiall a, ond i anghytuno ag a. Na, yr Iawn, bobol, yw hanfod yr haeddiant, ac ma pob sens yn gwêd wrthoch chi fod hynny'n wir . . . A mi fuoch chi'n lletya yn 'i gartra, Mr. Roberts ? Gobitho ichi ga'l lle cysurus yno. Fe garwn i ddarllan *Athrawiath yr Iawn* unweth yto, peta'r hen lycid 'ma'n caniatau, ond ma fa yma i gyd ed, tu-fiwn yma rwla. Ma'r hen ddoctor a finna weti ffraeo ers blynydda am hanfod yr Iawn, ond pan af fi i'r Gogoniant fe gewn ni weld y'n giddyl, ma'n siŵr, ac yna fe setlwn ni'r matar yn derfynol . . ."

Aeth Dafydd Jones i'r Gogoniant ers llawer blwyddyn bellach, ac erbyn hyn, y mae'n sicr, y mae ef a Lewis Edwards wedi setlo problem Hanfod yr Iawn yn derfynol.

Y Drysorfa, Mawrth 1945.

POBOL BETHEL

HYNNY yw, Bethel Ton-mawr—pentre diarffordd ryw filltir neu ddwy o Bontrhyd-y-fen. Yr unig achos crefyddol yn y pentre yn y ganrif ddiwethaf oedd Eglwys Annibynnol Bryn Seion. Yn y flwyddyn 1906, yng ngwres y diwygiad, ymddidolodd nifer o aelodau Bryn Seion a ffurfiwyd achos newydd ganddynt. Ar nos Fawrth, 10 Hydref 1906, daeth y cwmni bychan at ei gilydd i Gwrdd Gweddi yn nhŷ Mrs. Mary Evans, Uwch-y-glyn. Buwyd yn addoli yno am ddeufis ac ar ôl hynny symudwyd i lofft siop Mr. a Mrs. Richard Jones, Blaenafon Terrace. 'Roedd y dyddiau hynny'n rhai gwresog ar grefydd, ac ysbryd y diwygiad yn cerdded yn gryf yn yr ardal. Cafodd y cwmni bychan nawdd Methodistiaid Pontrhyd-y-fen, ac yn y flwyddyn 1908 fe adeiladwyd capel Bethel yng nghanol y pentre. "Wrth symud yr arch i'r deml newydd," meddai Tom Beynon, "ffurfiodd yr Eglwys orymdaith, a chariai pob un ei Feibl yn ei law, dan ganu 'Dyma Feibl annwyl Iesu'."

Dau deulu, ynghyd â'u cysylltiadau trwy briodas, oedd yr ymwahanwyr, sef teulu Richard Jones y Ciper a theulu Dafydd John. 'Roedd y Jonesiaid, yn fechgyn a merched, yn hirhoedlog iawn—pob un ohonynt yn llwyddo i fyw nes cyrraedd pedwar ugain a phedwar ugain a deg, a thros hynny hefyd. Magodd y teulu hwn nifer o weinidogion ac offeiriaid—pump neu chwech ohonynt. 'Roedd un o'r merched yn ddi-briod, a'i hoedran yn ddirgelwch i bawb. Mentrais ofyn iddi un noson, "Beth yw'ch oedran chi, Miss Jones?" Atebodd hithau, "Ac mi garech chi ga'l gwpod?" "Carwn yn wir," myntwn innau, "achos y mae pobol yn gofyn imi o hyd ac o hyd, Beth yw oedran Miss Jones?" "Wel,"

mynte'r hen ferch gyfrwys, "gan 'ch bod chi mor awyddus
—'rwy'n flwyddyn yn *hŷn* yn awr nag own i flwyddyn
yn ôl !" Pan gladdwyd hi, sylwais ar ei hoedran ar blât
yr arch,—yr oedd hi dros ei phedwar ugain a deg!

Chwaer iddi oedd Mrs. Margaret Selway—un o Wlad
yr Haf oedd ei phriod—un o'r merched mwyaf naturiol-
ysbrydol a adnabûm i erioed. Magodd ddau o fechgyn
i'r pulpud, sef Richard (sydd heddiw yn weinidog gyda'r
Presbyteriaid yn America), a Trefor, a fu'n weinidog ym
Mhandy Tudur a Gwytherin, ac yn Eglwys Bwlan, ger
Caernarfon. Ef oedd fy nghydletywr (yn Derfel House)
pan oeddwn yng Ngholeg y Bala. Bu farw yn ŵr cym-
harol ieuanc, yn 1939, gan adael bechgyn talentog ar ei
ôl—un ohonynt yn dad i'r plant bach del, y sêr pop Alwen
ac Owain Selway.

Etholwyd Mrs. Selway yn flaenor ym Methel, a chofiaf
hi'n cael ei holi yn y Cwrdd Misol pan dderbyniwyd hi i'r
swydd. Yr holwr oedd y Parch. W. Peregrine Jones,
Cwm-twrch, a ofynnodd iddi, "Beth a debygwch chwi
am Grist ?" Atebodd hithau, yn deilwng o ferch, "'Rwy'n
dwli arno, Mr. Jones—

> Os edrych wnaf i'r dwyrain draw,
>   Os edrych wnaf i'r de,
> Ymhlith a fu neu ynteu ddaw,
>   'D oes debyg iddo Fe."

Coffa da amdani, yr hen santes annwyl.

Hen gwpwl difyr oedd Dafydd a Mary John—ef yn
un o flaenoriaid cyntaf Bethel, a hithau'n ei ddilyn i'r
sêt fawr ymhen blynyddoedd. Magwyd Mrs. John, pan
oedd yn ieuanc, mewn tafarndy, eithr daeth o dan ddylan-
wad y Temlwyr Da, yn nyddiau'r rhuban glas. Disgwylid
iddi wasanaethu yn y bar yn ei thro, eithr gwrthodai'n
bendant gan ddewis cefnu ar ei chartref yn hytrach na

gwneuthur yn groes i'w chydwybod. Nid oedd onid
croten ieuanc ar y pryd, ac aeth y sôn am ei hymlyniad
wrth ddirwest dros yr ardaloedd i gyd. Priodwyd hwy
ill dau yn ieuanc. Diwrnod mawr yn hanes y teulu oedd
dydd tröedigaeth Dafydd John; bedyddiwyd holl
aelodau'r teulu, yn fechgyn ac yn ferched, gan wireddu
un o ymadroddion yr Hen Destament, "Myfi a'm teulu a
wasanaethwn yr Arglwydd."

Cofir o hyd am rai o ddywediadau Dafydd John ym
Morgannwg. Hebryngid y pregethwr ar brynhawn Sul o
Bontrhyd-y-fen i Don-mawr, a hynny yng ngherbyd hen
chwaer o'r enw Mrs. Havard. 'Roedd ganddi hi gerbyd
a phoni a ddefnyddid gan lawer yn y dyddiau hynny. Yn
ystod yr oedfa ym Methel fe gedwid y boni fach mewn
stabl gyfagos, a gadewid y cerbyd y tu-faes i'r capel. Ar
ddiwedd yr oedfa un prynhawn fe sylwodd Mrs. Havard
fod clustog y cerbyd ar goll, a mawr oedd ei ffwdan.
Achwynai'n chwyrn ar y pentrefwyr, "yr hen ladron
ishtag ŷn nhw." O'r diwedd blinodd Dafydd John ar y
cwynion, a dywedodd wrthi, "Fenyw annw'l, pidwch â
chintach w ! Ma'r cerbyd gytach chi o hyd, ac ma'r
Sgrythur yn gwêd ' Glŷn wrth y *cerbyd* yma '. Pidwch â
chintach rhacor—ma'r *cerbyd* gytach chi o hyd."

Un Sul pregethai gweinidog adnabyddus yn y pryn-
hawn a'r hwyr ym Methel, a sylwai pawb ei fod yn tueddu
i chwibanu wrth seinio'r llythyren *s*—oherwydd rhyw
ddiffyg neu'i gilydd ar ei ddannedd gosod. Yn y seiat ar
ddiwedd oedfa'r hwyr cododd Dafydd John ar ei draed.
"Wel, gyfeillion," meddai'n serchus, "fe glywsom yr
Efengyl cyn hyn yn ca'l 'i chanu, yn ca'l 'i gweiddi, ac yn
ca'l 'i sibrwd ; ond heddi, ar hyd y Saboth, ma'r Arglwydd
weti bod wrthi'n ddyfal yn *chwibanu* ar ôl 'i ddef'id !"
Ni chofnodir beth oedd barn y *pregethwr* ar y sylw gwreidd-
iol yna.

Dro arall yr oedd Tom Nefyn yn gwasanaethu ym Methel. Daeth chwiw i ben y pregethwr poblogaidd hwnnw i bregethu o'r sêt fawr yn hytrach nag o'r pulpud. "Ewch lan i'r pwlpud w," gorchmynnodd Dafydd John. "Na, frawd annwyl," atebodd Tom Nefyn, "y mae'n well gen i bregethu o'r sêt fawr—mi fyddaf yn agosach yno *at y bobol.*" "Ewch lan i'r pwlpud, ddyn," meddai Dafydd —"mi fyddwch yn agosach *i'r nefo'dd yna*!" Ufuddhaodd Tom Nefyn, wedi'i orchfygu'n llwyr.

Magodd y ddeuddyn hyn deulu lluosog o blant, a bu rhai o'r bechgyn yn flaenoriaid, ac yn efengylwyr tanbaid, yn yr eglwysi. Un o'r meibion—William John—oedd llywydd Henaduriaeth Gorllewin Morgannwg yn ddiweddar. Derbyniwyd Mrs. John yn flaenor yr un pryd â Mrs. Selway,—a'r un pryd hefyd, gyda llaw, â William ei mab a Dilwyn ei hŵyr. Gofynnodd y Parch. W. Peregrine Jones iddi yn bur swrth, "A beth ŷch *chi* wedi'i wneud erio'd dros y Gwaredwr?" Syfrdanwyd yr holwr a'r gynulleidfa gan yr ateb, " 'Rwy weti macu deg o blant iddo, Mr. Jones!" Y diniweitiaf o'r deg oedd Defi— ef a'i briod oedd yn derbyn y gweinidogion a'r pregethwyr i ginio ac i de ar y Suliau. Cyfrifer hynny'n gyfiawnder iddo, oblegid o'i galon fawr agored y gwnâi hynny ar hyd y blynyddoedd.

Pobol o'r math yna oedd ym Methel, Ton-mawr; rhai cynnes eu hysbryd, yn dyblu a threblu'r emynau (a hynny nid yn unig ar *ddiwedd* emyn), ac yn mawrhau'r weinidogaeth yn anghyffredin. Gwahoddwyd Dafydd Jones y Maerdy—y Creunant a Glyn Nedd ar ôl hynny—i wasanaethu yng nghyrddau'r Groglith ym Methel cyhyd ag y byddai byw, a chyflawnodd yntau'r cyhoeddiad tra gallodd bregethu, a chael oedfeuon rhyfeddol ambell waith. Y mae arnaf hiraeth mawr hyd heddiw am bobol Bethel. (*Y Goleuad, 22 Hyd. 1947, gydag ychwanegiad.*)

CLOC Y CAPEL

'Rwy'n cofio imi gymryd rhan mewn dadl lawer blwydd-yn yn ôl ar y pwnc amserol, A oes angen rhoi *cloc* mewn capel ? Mewn *capel*, sylwch, oblegid yn anaml iawn, hyd y gwn i, y gosodir cloc fyth y tufewn i *eglwys*. Y tu-*faes*, wrth gwrs, ac ar fur y twr fel rheol. Y mae i gloc bwrpas yn y lle hwnnw, y mae'n debyg, sef bod yn gymhelliad i'r saint i ddod i'r gwasanaeth mewn pryd. Yr unig gapel y gwn i amdano â chloc y tu-faes iddo yw capel yr Annibynwyr, Ty'n-coed, ar bwys Aber-craf yng Nghwm-tawe. Gwelir deial haul o flaen capel Tynewydd, Cil-y-cwm, Sir Gâr, â geiriau Lladin a Chymraeg pwrpasol arno—*Festinat Suprema. Mae'r awr ddiweddaf yn nessau.*

Ond mewn gwirionedd yn awr, A oes gwir angen cloc y tu-fewn i addoldy, tybed ? Os oes e, fe gyfyd cwestiwn go bwysig, sef ar gyfer pwy ? Ai i'r pregethwr ai ynteu i'r gynulleidfa ? Yng nghapel Salem, Y Faerdre, Clydach-ar-Dawe, lle dechreuais i ar fy ngweinidogaeth dros ddeugain mlynedd yn ôl, yr oedd *dau* gloc, sef un yn y pulpud ar y wal uwchben y pregethwr, a'r llall ar ffrynt y galeri. Y mae'n amlwg taw cloc i'r gynulleidfa oedd yr un yn y pulpud, oblegid ni allai'r pregethwr mo'i weld o gwbl pan fyddai'n traethu'i genadwri. Peth rhesymol, felly, oedd tybio mai ar gyfer y pregethwr oedd y llall, ar ffrynt y galeri. Yn fy nghwrdd sefydlu fe sylwodd y diweddar Barchedig Tom Valentine Evans—gŵr cynnil a ffraeth ei ddywediadau—fod cloc y pulpud yn *mynd* a bod cloc y capel wedi sefyll. "Gobeithio'n wir," mynte Valentine, "nad felly y bydd hi yma yn hanes ein brawd ifanc—*mynd* yn y pulpud, a rhyw *sefyll* yn yr unfan yn hanes y gynulleidfa !"

(Gyda llaw, fe ddaeth brawd hirwyntog perthynol i'r

Bedyddwyr i'r pulpud hwnnw un bore Sul. Y mae'n sicr iddo synhwyro fod y gynulleidfa wedi blino ar ei feithder, a be wnaeth e ond rhoi atalfa ar y cloc—er mawr dramgwydd i chwaer yn y gynulleidfa a oedd wedi rhoi'r cloc i'r Eglwys er cof am aelod o'i theulu.)

Y mae angen cloc ar bregethwr, wrth gwrs, petai dim ond er mesur hyd ei bregeth, a'i arbed rhag blino'r bobl. Cyngor hen weinidog i mi pan oeddwn yn ifanc oedd, "Pregethwch yr Efengyl, a phregethwch *am hanner awr* !" Ni ddylai pregethwr, yn yr oes hon, ddilyn esiampl Paul (a'r brawd o Fedyddiwr a grybwyllwyd uchod), sef "ymresymu yn hir" fel y gwnaeth e yn Nhroas, a pheri i'r gŵr ifanc hwnnw Eutyches gael ei orchfygu gan gwsg a chwympo i lawr o'r drydedd lofft. Mawr yw cyfrifoldeb pregethwyr hirwyntog !

Mi sylwais mewn rhai pulpudau yn y De fod cloc wedi ei weithio i mewn i ffrâm y pulpud—cloc ar ei gefn, a'i wyneb ar i fyny ac yn weddol agos i'r astell sy'n dal y Beibl. Byddaf yn meddwl am gloc felly taw ei bwrpas yw siarso'r pregethwr i brynu'r amser, fel petai, a dod at yr *Amen.* Y mae i leoliad cloc felly un fantais,—gall y pregethwr weld yr amser yn gyson ac yn ddi-ymdrech, heb fod neb o'r gynulleidfa'n sylweddoli hynny.

Ond beth am y weddi gyhoeddus ? Y mae gan offeiriaid fantais ar bregethwyr yn hyn o beth, oblegid y mae'u gweddïau nhw yn gymen ar bapur. Pan oeddwn yn weinidog ym Mhontrhyd-y-fen cefais ar ddeall rywbryd fod dau o'r hen frodyr heb fod ar delerau siarad â'i gilydd. Pan gefais gyfle mi ofynnais i un ohonyn nhw, "Be sy rhyngoch chi a hwn-a-hwn ?" "Be sy'n bod !" atebodd, "welsoch chi ddim be nâth a fish yn ôl ag ynta ar 'i linia yn annerch Gorsedd Gras ?" Holais ymhellach am y manylion. "Pan o'dd a ar 'i linia," mynte'r hen frawd, "ac ar genol 'i weddi, fe dynnws 'i watsh ma's o bocad 'i wasgod i weld beth ar gloch o'dd hi, ac fe rois inna bryd o dafod iddo weti'r cwrdd, a'i roi a yn 'i le. A byth odd ar hynny 'do's dim Cymrâg weti bod rhyngthon ni."

Wel dyna un ffordd o brynu'r amser ! Gyda llaw, ar weddi 'roedd Abel Huws, a'i lygaid yn dynn, pan symud-odd Wil Bryan fys y cloc ymlaen a pheri i'r hen flaenor synnu fod yr amser wedi cerdded mor bell yn ystod y cwrdd plant hwnnw.

Yn hen gapel bychan Aberthin ar bwys y Bontfaen ym Mro Morgannwg fe gedwid gynt awrwydr—*hour-glass*, un tebyg i'r un a arferai fy mam gynt yn y gegin i fesur yr amser i ferwi wyau. Ond un *mwy* o lawer, wrth gwrs, a'r tywod ynddo yn cymryd rhyw hanner awr neu ragor i lithro o un rhan o'r gwydr i'r llall. Wrth bregethu â chelficyn felly yn y pulpud, yn weledig i'r pregethwr *ac* i'w gynulleidfa, 'roedd yr amser yn rhedeg yn ei flaen, yn llythrennol felly. A ŵyr neb am declyn felly mewn unrhyw gapel neu eglwys arall yng Nghymru ?

Ond y cloc rhyfeddaf oll a fu erioed mewn pulpud yng Nghymru oedd cloc yr hen bregethwr salw—*salw*, meddaf, nid *sâl*—sef Thomas John o Gilgerran. Ei fraich hir yn crogi dros astell y pulpud, a'i law yn dal y Beibl yn dynn, oedd pendil y cloc hwnnw. "Beth yw uffern, bobol ?" gofynnai Thomas John ar ei bregeth,—"cloc â'i fysedd wedi sefyll ar hanner nos, ac yn dal i dician *byth ! byth ! byth ! byth !*"—a'r pendil yn symud yn ôl ac ymlaen yn araf. "Faint yw hi o'r gloch ? ebe Cain—*byth ! byth ! byth ! byth ! . . .* Faint sy rhyngddi a thoriad y wawr yn Gehenna ?—*byth ! byth ! byth ! byth !*" a'r pendil yn dal i symud yn ddidrugaredd. Dywedir fod cloc Thomas John wedi achub llawer o eneidiau ar hyd a lled y wlad, ac y mae'n hawdd coelio hynny pan feddyl-iwch chi am wedd ddifrifol a sŵn arswydus acenion Thomas John wrth fynd trwy'r perfformans.

Yn yr oes ganiataol neu oddefol hon, a ninnau wedi hen gyfarwyddo â phob math o bechodau erchyll a hen ddrygau aflan, mi leicwn i weld cloc Thomas John yn dod yn ei ôl i ambell oedfa, ac i ambell bulpud, i gyflwyno'i hen, *hen* genadwri, sef bod amser yn fyr a thragwyddoldeb yn faith. Neu, fel y dywedai Ieuan Glan Geirionydd yn yr emyn y bu llawer iawn o ganu arno 'slawer dydd—

> Mor fyr yw mwyniant pechod ffôl
> Wrth dragwyddoldeb maith sy'n ôl.

Sgwrs Radio, B.B.C., 31 Hyd. 1971.

PAN oeddwn i'n dechrau pregethu fe'm rhybuddiwyd
fwy nag unwaith i beidio â dewis testunau od i 'mhre-
gethau, a dyna gyngor y llawlyfrau ar bregethu i gyd.
Ond rhyfedd fel y mae'r testunau od yma'n mynnu glynu
yn y cof, a rhyfedd hefyd yw'r defnydd y gall athrylith
fawr ei wneud o'r testunau mwyaf annhebyg. Dyna
Elfed, er enghraifft, yn traethu ar "Ac yntau a blannodd
goed yn Beerseba", ac yn cael hwyl ar ei phregethu trwy
Gymru benbaladr. *Plannu Coed* yw teitl y gyfrol o
bregethau a gyhoeddodd Elfed yn 1892. Y mae gennyf
gyfaill o fforestwr, ac addefodd hwnnw wrthyf unwaith
iddo gael ei dwyllo—neu'n hytrach iddo dwyllo'i hunan—
gan deitl y gyfrol honno pan oedd yn ddyn ifanc. Fe'i
gwelodd hi yn ffenest siop lyfrau ac aeth i mewn i'w
phwrcasu, a gellwch ddychmygu'i siom wrth agor y
gyfrol ar ôl mynd adref, a gweld mai *pregethau* oedd o'i
mewn ac nid cyfarwyddyd ar goedwigaeth !

Pregethwr hynod yn ei ddydd yn Sir Gâr oedd Thomas
Rowlands, Rhydargaeau—"yr hen goncordans" fel y'i
gelwid, oherwydd ei gyfarwydd-der â'r Beibl. 'Roedd
gan yr hen frawd destunau rhyfedd i'w bregethau, megis
"Ac yn Hebron y goleuodd hi arnynt" ; a'r geiriau hyn
o'r Hen Destament, "Yng ngwastadedd yr Iorddonen y
toddodd y brenin hwynt, mewn cleidir rhwng Sucoth a
Seredata". 'Roedd ganddo bregeth hynod ar y testun,
"Ac efe a rannodd i bob un o Israel, yn ŵr ac yn wraig,
dorth o fara, a dryll o gig, a chostrelaid o win". Pa
genadwri a gâi Rowlands o eiriau felly ? Dyma'i bennau :
(a) Yr Efengyl yn ei *Darpariaeth*—bara a gwin ; (b) Yr
Efengyl yn ei *Graslonrwydd*—"efe a *rannodd* iddynt" ;

a (*c*) Yr Efengyl yn ei *Chyffredinolrwydd*—"i *bob un* o Israel, *yn ŵr ac yn wraig*". Go dda, Thomas Rowlands !

Llwyddai'r hen bregethwyr i dynnu allan wirioneddau efengylaidd iawn—trwy ddichell, y mae'n wir—o'r testunau rhyfeddaf o'r Hen Destament. Eithr nid mor efengylaidd ychwaith bob amser. 'Roedd gan William Davies, Rhydfendigaid (y cynta o'r enw a fu'n gweinidogaethu yno), wrthwynebiad i gôt ddu fel gwisg am bregethwr ; ffafriai ef frethyn glas, a chyfansoddodd bregeth ar y pwnc a chael hwyl wrth ei thraddodi ar hyd a lled sir Aberteifi. Ond beth oedd ei destun, atolwg ? Y gair hwnnw o Ecsodus xxxix, 22, "Ac efe a wnaeth fantell yr ephod i gyd o sidan glas, yn weuadwaith". Nid yw'r pennau ar gael, ond dyma'r perorasiwn : "Beth a daenid ar fwrdd y bara gosod ? *Brethyn glas*, 'y mhobol i. Beth a osodid ar wyneb yr allor aur ? Ie, yr allor *aur* ! Beth hefyd ond y *brethyn glas* ! . . ." Nid yw'n debyg i'r bregeth honno *achub* neb, ond efallai iddi roi mwy o amrywiaeth i *wisgoedd* y cenhadon hedd yng Ngheredigion, a rhoi gwaith i wehyddion y sir.

Ffefryn y pulpud yn y Gogledd yn ei ddydd oedd John Davies, Nercwys, ac 'roedd ganddo yntau nifer o destunau go hynod i'w bregethau. Yn eu plith gellir enwi'r canlynol : "Paham yr erys Dan mewn llongau ?" (Barnwyr v, 17) ; "Dywed yn awr, Shiboleth ; dywedai yntau, Siboleth" ; "Isachar sydd asyn asgyrnog, yn gorwedd rhwng dau bwn" (Gen. xlix, 14). Yn y bregeth ar Ddan mewn Llongau, ymddibynnai ar *bwyslais* wrth nodi'i bennau—(*a*) Paham yr erys *Dan* mewn llongau ? (*b*) Paham yr erys Dan mewn *llongau* ? (*c*) Paham yr *erys* Dan mewn llongau ? a (*d*) *Paham* yr erys Dan mewn llongau ? Ond peidiwch â gofyn i mi pa genadwrïau a dynnai'r hen frawd o'i bennau !—y mae'n debyg ei fod yn cyfarfod â phob math o esgusodion a'u chwalu nhw i'r pedwar gwynt wrth bregethu ar Ddan a'i Longau. Yn y bregeth ar Shiboleth fe ddeffrôdd yr hen bregethwr lawer o'u cysgadrwydd ysbrydol, ac i sylweddoli'u perygl eu bod yn eu twyllo'u hunain. A bu'r bregeth ar Isachar yn foddion tröedigaeth i laweroedd.

Cofir hefyd am ragor o destunau John Davies, megis, "Paham yr ydych chwi yn olaf i ddwyn y brenin adref?" "A'r manna a beidiodd"; "Mynydd Duw sydd fel Mynydd Basan, yn fynydd cribog"; a "Byddaf farw yn fy nyth" (Job xxix, 18). Y mae pennau'r bregeth olaf fel a ganlyn: (*a*) Yr hyn sydd *wir* yn y testun—"byddaf farw"; (*b*) Yr hyn sy'n *amheus* ynddo—"byddaf farw yn fy nyth"; (*c*) Yr hyn sy'n *rhyfygus* ynddo—"*byddaf farw*". Ond ei destun rhyfeddaf ond odid yw, "A'r bachgen a disiodd hyd yn seithwaith" (2 Bren. iv, 35). A dyma'r pennau iddi: (*a*) Mai marw yw'r holl ddynolryw wrth natur; (*b*) Bod pob moddion, ynddynt eu hunain, yn annigonol i fywhau'r marw; (*c*) Bod bywhau'r marw yn bosibl gyda Duw; a (*d*) Bod bywyd yn ei amlygu ei hun mewn arwyddion—cynhesu, *tisian*, agor llygaid, &c.

Dywedir fod Henry Rees, Lerpwl, yn teimlo'n ddwys am fod adnodau rhyfedd yn cael eu defnyddio'n destunau gan bregethwyr poblogaidd y cyfnod. 'Roedd Dafydd Rolant o'r Bala yn euog o'r camwedd, a phregethai ag arddeliad mawr ar y geiriau hynny, "Milgi cryf yn ei feingefn" (Diar. xxx, 31). Mewn Sasiwn yn Nhreffynnon siaradai Henry Rees yn gryf ac yn hallt yn erbyn yr arferiad, ac awgrymodd Roger Edwards, Ysgrifennydd y Sasiwn, enw John Davies, Nercwys, i siarad ar ei ôl! Bu John Elias yntau, mewn Sasiwn yn Llanrwst, yn dwrdio'r testunau cyfriniol a digrif, a chredid taw at bregeth y milgi cryf yr ergydiai. Ond daliai'r hen Rolant i ollwng y milgi ar ôl pechaduriaid, mewn aml oedfa ar hyd a lled y wlad, ac un tro fe ddaliodd un-ar-bymtheg ohonynt. Aeth yn orfoledd mawr yn Nhrawsfynydd un waith, ar ôl i'r milgi gyflawni gorchest, a diolchai un a ddaliwyd ar uchaf ei gloch, "Diolch, diolch am y milgi cryf yn 'i *fein-gef-an*"—gan roi pwyslais mawr ar bob sill o'r gair olaf.

Awn yn ôl i'r De. 'Roedd gan Evan Harries o Ferthyr Tudful bregeth hynod ar "A agori di dy lygaid ar y fath yma ?" (Job xiv, 3), a nododd bedwar marc i'w adnabod, sef (*a*) "Dyn a aned o wraig" ydyw ; (*b*) "Un byr o ddyddiau" ydyw ; (*c*) Un "llawn helbul" ydyw ; a (*d*) "Efe a gilia fel cysgod ac ni saif".

Gorffennwn ag un o destunau yr hynod Richard Jones o Lwyngwril, sef ei bregeth ar y "mul bach", fel y'i gelwid. Y testun oedd : "A hwy a ddygant eich holl frodyr o blith yr holl genhedloedd, yn offrwm i'r Arglwydd ; ar feirch, ac ar gerbydau, ac ar elorau meirch, ac ar fulod" (Eseia lxvi, 20). Canolbwyntiai ei sylwadau ar y mul, gan ei gyferbynnu â'r Cristion dan bedwar o bennau : (*a*) Mae'r mul yn arw am ei ffordd ei hun ; (*b*) Mae'r mul yn cario baich trwm ; (*c*) Mae'r mul yn dioddef llawer ; a (*d*) Mae'r mul yn siŵr o fynd i ben ei daith.

Y testunau od, a'r pennau hynod a arferai rhai o'r hen hen bregethwyr, a barodd i Frutus ddychanu'r ffasiwn, a pheri i Wil Brydydd y Coed draddodi'r bregeth ysgubol honno ar eiriau Eseciel, "O ! olwyn !" "Yn gyntaf," mynte Wil, "ni a drafodwn eirie'r proffwyd yn *scientifical* ; yn ail, yn *fystical* ; ac yn olaf, yn *bractical*,"—gan gyfeirio at "gambo'r iachawdwriaeth" a "whilber y cyfamod", &c. Eithr ni lwyddodd Brutus, yn fwy na Henry Rees a John Elias, i ladd y ffasiwn. A yw'n fyw o hyd ? Ni synnwn nad yw e ar gael o hyd mewn ambell bulpud yn yr oes olau hon.   *Y Goleuad,* 9 Mai 1962.

Fᴇ fûm i'n pendrymu'n ddiweddar, a cheisio dyfalu pa bryd y dechreuodd yr arfer o godi *tri* phen o'r testun wrth bregethu. Wrth ddarllen hen bregethau mi sylwais fod rhai o'r hen fechgyn yn codi saith neu wyth o bennau, a mwy na hynny hefyd ambell waith. Tystia John Jones, Blaenannerch iddo glywed William Richards, Pen-parc un tro yn codi cymaint ag un ar bymtheg ar hugain o bennau wrth draethu yn ei bulpud ei hun. Darllenais rywdro am bregethwr yn nyddiau'r Piwritaniaid gynt yn gorffen ei bregeth fel hyn : "Yn ddeugeinfed ac yn olaf, frodyr . . ." Dyna ichi bregeth !

Pan oeddwn i'n ifanc mi ofynnais i hen frawd yn y weinidogaeth pa sawl pen oedd yn briodol i'w godi ar bregeth. Ei ateb oedd, "Faint a fynni di, ond gofala di fod *llygad* ym mhob pen !" Fy arfer i, ar hyd y blynyddoedd, yw codi dau, tri, neu bedwar o bennau yn ôl gofynion y testun, gan bregethu ambell waith heb bennau o gwbl. Peth ffôl iawn yw codi tri phen a'r testun yn gofyn am ddau. Dyna gamgymeriad Doctor Rees, Bronnant, yn ei bregeth enwog ar y testun, "Yna y cododd Balaam yn fore i gyfrwyo ei asen". "Yn gynta," mynte fe, "arfer dda mewn dyn drwg—' Yna y cododd Balaam *yn fore* ' ; yn ail, gostyngeiddrwydd mawr mewn dyn balch—' a gyfrwyodd ei *asen* '—hyd yna'r oedd gofynion y testun, ond fe ychwanegodd y Doctor difyr un pen arall—"Yn olaf, hynafiaeth aruthrol crefft y sadler—' ac a *gyfrwyodd* ei asen '."

Bydd pobol yn cofio pethau syml y proffwydi bychain, ambell waith, am iddyn nhw lunio'r genadwri yn gelfydd. Clywais ddweud am Benjamin Morris o Abergwaun, a fu'n gweinidogaethu gynt yn eglwysi'r Hen Gorff yn

siroedd Penfro a Chaerfyrddin, wrth draethu ar yr adnod,
"Pedr hefyd ac Ioan a aethant i fyny i'r deml ynghyd ar yr
awr weddi, sef y nawfed", iddo godi tri phen cofiadwy : (*a*)
Dau ddyn yn mynd *gyda'i gilydd*—"Pedr hefyd ac Ioan" ;
(*b*) Dau ddyn yn mynd gyda'i gilydd *i'r cwrdd*—"a
aethant i fyny ynghyd *i'r deml*" ; a (*c*) Dau ddyn yn mynd
gyda'i gilydd i'r cwrdd *mewn pryd*—"ar yr awr weddi,
sef y nawfed". Go dda, Benjamin Morris—efallai fod
angen pregeth ar brydlondeb ar y saint yn ei gynulleidfa-
oedd !

'Roedd gan y Dr. David Roberts, Wrecsam, bregeth
nodedig iawn ar eiriau'r Salmydd, "Pa le y mae dy hen
drugareddau, O Arglwydd ?" Ei ateb triphlyg oedd :
"Y mae nhw'n *fyw* ; y mae nhw'n *iach* ; y mae nhw'n
cofio atoch chi". A allai'r Salmydd ei hun ddweud yn
rhagorach ?

Dyna James Donne, wedyn, o Langefni, a'i bregeth ar
yr addewid a roddwyd i Simeon, "Na welai efe angau
cyn iddo weld Crist yr Arglwydd". Ar sail ei destun
honnai James Donne (*a*) Fod pawb i weled *angau* ; (*b*)
Fod pawb i weled *Crist*—yn y farn olaf, y mae'n debyg ;
(*c*) Fod iachawdwriaeth pawb yn dibynnu ar ba un a
welent *gyntaf*."

'Rwy'n hoff o'r tri phen a gododd y Dr. Hugh Jones,
gweinidog enwog gyda'r Wesleaid yn ei ddydd, wrth
bregethu ar eiriau'r Salmydd, "Cuddiais dy ymadroddion
yn fy nghalon, fel na phechwn i'th erbyn". Dyma nhw :
"Yn gyntaf, y *Trysor* gorau—' dy ymadroddion ' ; yn
ail y Trysor gorau yn y *lle* gorau—' yn fy nghalon ' ;
ac yn olaf, y Trysor gorau yn y Lle gorau gyda'r *Amcan*
gorau—' fel na phechwn i'th erbyn'."

Byddai'r Hybarch Philip Jones, Porthcawl yn hoffi
clec o gynghanedd yn ei bennau, megis y rheini yn ei
bregeth ar y testun, "Pa fodd y glanha llanc ei lwybr ?

Wrth ymgadw yn ôl dy air di". Ei dri phen byr a bachog oedd : (*a*) Llwybr y Llanc ; (*b*) Llygredd y Llanc ; a (*c*) Llewyrch y Llanc. Neu megis y rheini a gododd yn ei bregeth ar "Esmwythdra ac ymwared a gyfyd i'r Iddewon o le arall', sef (*a*) Y *Lle* arall ; (*b*) Y *Llys* arall ; a (*c*) Y *Llaw* arall—Lle, Llys, Llaw, y tri yna. Ond efallai fod gormod o'r cleciadau cynganeddol yma yn fursendod— gormod o ôl celfyddyd. 'Roedd Jacob o Abergwaun yn fwy syml, ond yn glyfrach a chyfrwysach. Wrth draethu ar yr "Adeilad gan Dduw, sef tŷ nid o waith llaw, tra- gwyddol yn y nefoedd", fe ddywedai, " 'Rwy'n lico'r *Pensaer—yr Architect—'* adeilad *gan Dduw* ' ; 'rwyn lico'r Lês hefyd—' *tragwyddol* ' ; ac mae'r *Seit* yn fendigedig— ' yn y *nefoedd* '." Coffa da am Philip ddawnus ac am Jacob ddoniol.

Y mae llawer ohonoch yn cofio homili enwog Emrys ap Iwan, "Y Cochl". Yn flaenaf, meddai Emrys, yr oedd Paul yn gofalu am ei *gorff*—"Y *cochl* a adewais yn Troas, pan ddelych, dwg gyda thi." Yn ail, yr oedd Paul yn gofalu am ei *enaid*, sef ei feddwl—"pan ddelych, dwg gyda thi y *llyfrau*". Yn drydydd, yr oedd Paul yn gofalu am ei *ysbryd*—"yn enwedig y *memrwn*"—sef ei gopi o'r Hen Destament. Fe glywyd y pennau yna *deirgwaith*, o leiaf, o bulpud Jerusalem, Pontrhyd-y-fen pan oeddwn i'n fugail yno (ond nid gan y gweinidog, wrth gwrs) er mawr syndod i'r saint. A thebyg yw fod yr homili'i hun yn mynd gyda'r pennau. Mawr yw cyfrifoldeb lladron pregethau, meddaf fi.

Ond petaech yn gofyn i mi pa dri phen yw'r grymusaf a godwyd erioed ar bregeth, mi fuaswn i'n nodi pennau John Williams, Brynsiencyn ar y geiriau, "Yna y llefasant, gan ddywedyd, Nid hwnnw, ond Barabbas. A'r Barabbas hwnnw oedd leidr". Fe gofiwch y pennau : (*a*) Fod yr Efengyl yn gosod dynion yn y fath sefyllfa ag y bydd raid iddynt ddewis Crist neu rywun arall ; (*b*) Fod llu mawr o ddynion, er meddu ohonynt bob mantais i adnabod Crist a'i ddewis, yn ei wrthod ac yn dewis rhywun arall— "Nid hwnnw, ond *Barabbas*" ; a (*c*) Fod yr hyn a ddewisir yn lle Crist yn sicr o ysbeilio'r dyn yn y man o'r hyn oll a fedd—"A'r Barabbas hwnnw *oedd leidr.*" Dyna ichi dri phen sydd yn bregeth gyflawn ynddyn nhw'u hunain.

Sgwrs Radio, B.B.C. 11 Gorff. 1972

BLE'R AETH YR AMEN?

Y MAE'r arfer o *borthi* mewn oedfa yn mynd yn brinnach
yn y dyddiau hyn. Un o ystyron y gair 'porthi' yw
helpu, rhoi cymorth, cynorthwyo. "Ein *porth* ni sydd yn
enw yr Arglwydd", meddai'r Salmydd; ac fe ddywed
Edmwnd Prys yn ei *Salmau Cân*:

> "Mi ymddiriedais ynddo am *borth*,
> A chefais gymorth ganddo."

Wrth borthi yn yr oedfa mi fyddwch—y mae'n debyg—
yn rhoi help i'r pregethwr. Porthi, mewn rhyw ystyr, y
mae'r dyrfa sy'n gweiddi cymeradwyaeth ar gae ffwtbol
pan fydd rhyw arwr yn cyflawni rhyw orchest neu'i
gilydd. Ond ambell waith bydd y dyrfa yn dangos ei
hanghymeradwyaeth hefyd!

Yn wir, y mae gan beldroedwyr wers i'w dysgu i
grefyddwyr, fel y dangosodd Anthropos unwaith. Pan
oeddid yn lladd ar y ffwtbol mewn rhyw Gwrdd Misol
yn Arfon, fe sylwodd Anthropos ar ryw elfennau ym myd
y bêl droed y dylai crefyddwyr eu hefelychu. "Yn gyntaf,"
meddai, "y mae nhw'n mynd *mewn pryd* i'w cwrdd; yn
ail, y mae nhw'n *talu* wrth fynd i mewn; yn drydydd, y
mae nhw'n dangos 'u *cymeradwyaeth* o'r hyn sy'n digwydd
ar y maes; ac yn olaf, ar y ffordd adref, y mae nhw'n
ymddiddan am yr hyn a welwyd yn ystod y gêm."

Ond beth bynnag am y ffwtbol, y mae porthi mewn
oedfa ar drai yn ein dyddiau ni. Yn y capel bychan lle
magwyd fi, dim ond un hen chwaer a borthai yn ystod y
bregeth—rhyw *Amen* fach ddistaw, dan ei hanal fel petai.
Ond pan glywn i Hannah Tomos yn sibrwd ei *Hamen*,
mi wyddwn i fod y pregethwr yn dweud rhywbeth

gwerth ei glywed. Y borthwraig hynotaf a glywais i erioed, a'r fwyaf hyglyw hefyd, oedd Siân o'r Bronnant.

Ond am borthi go-iawn, pan own i'n ifanc, capel Saron y Bedyddwyr amdani bob tro. Awn yno i'r Cyrddau Mawr blynyddol, a dyna lle'r oedd llond y sêt fawr o ddiaconiaid yn fwstwr i gyd, megis corws swnllyd yn cadw gŵyl i'r Arglwydd—yn enwedig os byddai'r pregethwr yn cyfeirio yn ei bregeth at athrawiaeth bedydd y credinwyr. A'r pennaf yn eu plith nhw—ar uchaf ei gloch—oedd Tomos Bifan farfog—tad-cu Mr. Hugh Bevan, y beirniad llenyddol craff.

Y mae'n debyg fod y porthi*'ma yn help i bregethwr pan fydd yn traddodi'i genadwri. Ond fe deimla rhai ei fod yn fwy o rwystr nag o help. Ond y mae'n rhaid cyfaddef yr aiff pregeth wan ymhell iawn os bydd porthwr neu ddau yn y sêt fawr ! Pregethwr da, ond sychaidd braidd, oedd y Parch. Samlet Williams o Lansamlet. Aeth i bregethu i Fethel, Ton-mawr ar nawn Sul ryw ychydig flynyddoedd wedi'r Diwygiad. Mynte Daniel Griffith Tomos, un o blant tanbaid y Diwygiad, wrth rai o'i ffrindiau wrth fynd i'r oedfa, "Beth am roi twymad y prynhawn 'ma i'r hen Samlet, bois ?" A hynny a wnawd—porthi gwresog pan oedd Samlet yn trin ei fater, ac yntau o'r herwydd yn cael ei godi i'r uchelderau. 'Fu yna erioed y fath hwyl ar bregethau yn ei hanes o'r blaen. Yn y Tŷ-capel ym Mhontrhyd-y-fen y noson honno fe gyfeiriodd Samlet at rymuster anarferol yr oedfa a gafwyd ym Methel y prynhawn hwnnw. "Pw !" mynte Tomos Tomos (tadcu yr Athro Brinley Thomas, Caerdydd), "ma *pawb* yn ca'l oedfa fawr yn Nhon-mawr !"

Ond mi all y porthi 'ma fod yn rhwystr i rai, yn enwedig os bydd yn borthi dieneiniad, porthi mewn gwaed oer fel petai. Un nos Sadwrn, yn oedfa gynta cyrddau mawr un o eglwysi Morgannwg, fe boenid yr Hybarch Philip Jones, Porthcawl gan borthi cras dieneiniad diacon o Fedyddiwr. Ei air mawr ef oedd "*Felly . . . felly !* . . . *felly'n wir* !" Blinodd Philip arno, ond beth allai 'i wneud ? Yn oedfa nawn Sul, be' wnaeth e—yr hen *wag* ag oedd e— ond codi'i destun o'r Epistol at yr Ephesiaid, iv, 20 : "Eithr chwychwi, nid felly y dysgasoch Grist". "*Felly* !" mynte'r porthwr. "*Nid* felly, frawd," ebe'r pregethwr, ac fe ddaliodd ati i gywiro'r diacon nes i hwnnw ddanto o'r diwedd, wedi ei orchfygu'n llwyr.

A sôn am Philip Jones, fe'i clywais ef yn dweud rhyw dro y byddai rhai o'r hen saint yn y Dyffryn, Tai-bach— lle magwyd ef—yn codi ar eu traed yn ystod y bregeth, os byddai honno wrth eu bodd, ac yn curo'u dwylo. "Tair clap, ffrins, fel rheol, ac yna'n ishta'n ôl yn 'u sedda". Wel pam lai ? Os yw coed y maes yn curo'u dwylo pam na wna'r saint hynny hefyd i ddatgan eu cymeradwyaeth ?

Gyda llaw, un o aelodau'r Dyffryn oedd *Betsan*, yr hen chwaer gynnes ei hysbryd, a ddilynai Edward Matthews, Ewenni i bob man, ac yn uchel ei chloch ym mhob oedfa. Porthwraig o'r iawn ryw, os bu un erioed.

Ond erbyn heddiw y mae dangos unrhyw fath o gymeradwyaeth i bregethwr yn beth prin iawn. Cewch weiddi faint a fynnoch ar gae ffwtbol neu wrth wylio gornest baffio, ond da chi ! byddwch yn ddistaw yn yr oedfa.

"Ble'r aeth yr Amen ?" Dyna ofyniad yr hen gân, a fu'n boblogaidd unwaith. Atebwyd y cwestiwn yna mewn ffordd drawiadol iawn rai blynyddoedd yn ôl gan frawd cynnes ei ysbryd yn ardal Caerfyrddin. "Ble'r aeth yr Amen ? I geg organ capel Hewl-dŵr," mynte fe. Y mae'n debyg fod arfer newydd sbon wedi dod i fri yn y capel hwnnw, sef bod yr organydd yn canu deunod yr

Amen ar ei organ ar ôl y Weddi Apostolaidd. Ond mewn gwirionedd, yn y cyfnod oer a difater yma ar grefydd,—

> Ble'r aeth yr *Amen ?*
> Ble'r *aeth* yr Amen ?
> Os yw yn y galon,
> Mae'n *ddistaw* dros ben.

Sgwrs Radio, B.B.C., 31 Ionawr, 1972

PROFFWYDO UWCHBEN YR ESGYRN

YR unig esgyrn a ddaw i feddwl pregethwr heddiw, wrth
draddodi'r Gair mewn ambell Eglwys, yw'r esgyrn sychion
hynny a welodd y proffwyd Eseciel yn Nyffryn yr Esgyrn
Sychion. A daw geiriau'r hen bennill yn fyw i'w feddwl—
Wrth broffwydo uwchben yr esgyrn,
O ! na chlywem swn y gwynt !
Ond yn un o dai-cyrddau'r Hen Gorff, yn sir Benfro, fe
fydd esgyrn o fath arall yn dod i'm meddwl i. 'Rwy'n
cyfeirio at gapel hynafol Caerfarchell—treflan fechan
ddymunol iawn, ryw ychydig filltiroedd o Dyddewi.
Fe godwyd y capel cynta yng Nghaerfarchell yn y flwydd-
yn 1763—dros ddwy ganrif yn ôl. Adeilad hirgul oedd
hwnnw, ac mae'n debyg y câi'r gwrandawyr drafferth
i glywed yr hyn a gyhoeddai'r gennad o Sul i Sul o'r
pulpud. Y mae hynny'n broblem bob amser i bensaer,
wrth godi neuadd neu dŷ-cwrdd ; y mae'r *acoustics* yn
bwysig i'w ryfeddu mewn lle felly, fel y gŵyr pob
siaradwr cyhoeddus, a chanwr, yn dda. 'Roedd y diffyg
yna yn perthyn i gapel cynta Caerfarchell, y mae'n debyg.

Pa fodd bynnag am hynny, yn y flwyddyn 1827 fe
dynnwyd yr hen gapel i lawr, ac fe godwyd y capel sgwâr
presennol yn ei le. Y tro yma fe gymerwyd pob gofal i
gywiro diffyg yr hen gapel, a cheisio lladd yr *eco*—yr
adlais annymunol sy'n boen ysbryd i siaradwyr cyhoeddus
mewn rhai adeiladau. 'Roedd hen ŵr o'r enw Henry
Lewis yn byw ym mhentre Caerfarchell, ac fe osodwyd
ar hwnnw i chwilio'r wlad am benglog ceffyl neu ddau,
i'w claddu nhw dan lawr y capel er mwyn lladd yr eco.
Llwyddodd yr hen frawd i ddod o hyd i bedwar o ben-
glogau, ac fe'u claddwyd nhw dan lawr y capel newydd,
ac yno y maent hyd y dydd hwn. Ni raid imi ychwanegu

na ddaeth yr adleisiau diflas ar gyfyl y capel newydd, fel y gwn yn dda trwy brofiad. Capel hawdd llefaru o'i bulpud yw Caerfarchell, ac y mae'n llythrennol wir fod pob pregethwr a ddaw yno ar y Suliau yn "proffwydo uwchben yr esgyrn."

Y mae'n debyg fod gosod penglogau ceffylau dan loriau anhedd-dai ac adeiladau cyhoeddus, er mwyn gwella'r *acoustics*, yn hen gred ac arfer yng Nghymru ac mewn rhai gwledydd eraill. Wrth atgyweirio hen gapel ym mhentre Brechfa, yn sir Frycheiniog, rai blynyddoedd yn ôl, fe ddarganfuwyd nifer o benglogau ceffylau yn *nenfwd* yr adeilad. Ym Mhrifeglwys Llandâf fe gladdwyd penglogau dan seti'r côr, a hynny—fe dybid—er mwyn gwella seinyddiaeth y côr wrth ganu mawl i'r Goruchaf.

Mewn hen dŷ, a godwyd yn Bungay, swydd Suffolk yn yr ail ganrif ar bymtheg, fe ddarganfuwyd tua deugain o benglogau ceffylau, a'r rheini wedi'u gosod yn rhestr drefnus dan y llawr. 'Roedd hynny'n arfer hefyd yn Iwerddon gynt, ac yn rhai o wledydd Llychlyn. Rhoddid penglogau dan y *flags* yn llawr y gegin fawr yn y tai yn Iwerddon, er mwyn gwella'r seiniau a wneid pan fyddai'r bobl yn dawnsio arnyn nhw. Yn ôl un anthropolegydd, fe wneid peth cyffelyb, sef claddu penglogau o dan y lloriau dyrnu. Yn Sgandinafia, er enghraifft, yn yr hen amser, fe fydden nhw'n dra gofalus wrth godi llawr dyrnu newydd, oblegid yr oedd yn rhaid i'r ffustiau *ganu*, fel petai, wrth ddyrnu'r llafur. A'r ffordd orau i gael y sŵn priodol oedd crogi gwifrau yn y sgubor ddyrnu, a chladdu penglog ceffyl ym mhob un o'i chorneli.

Yn awr, a *oedd* y penglogau hyn mewn gwirionedd, yn gwella'r *acoustics* mewn adeiladau? Ac os oedden nhw, pa fodd y daethpwyd o hyd i'r wybodaeth? A phaham y defnyddid penglog *ceffyl* yn hytrach na phenglog buwch neu asyn neu ddafad neu ryw anifail arall? 'Rwy'n gofyn y cwestiynau hyn, ond peidiwch â gofyn i mi eu hateb, oblegid 'fedra i ddim. Mater i'r gwyddonydd yw— os yw e'n fater i rywun o gwbl ymboeni yn ei gylch.

Ond y mae genny' *un* awgrym gwerthfawr, sef i Bwyllgorau Lleol yr Eisteddfod Genedlaethol. Fe gwynir yn aml fod yr *acoustics* yn y Babell Fawr ac yn y Babell Lên hefyd yn o ddrwg, er cymaint o gyrn siarad ac ampliffeiers a ddefnyddir. Beth am fynd ati a chael ymgyrch genedlaethol i gasglu ryw hanner cant neu ragor o benglogau ceffylau, a'u claddu nhw mewn mannau cyfaddas dan y llwyfan, a than loriau'r pebyll bychain a mawrion, er mwyn hwyluso'r gwrandawiad? Y mae'n awgrym gwerth ei ystyried, a chyflwynaf ef yn rhad ac am ddim i Bwyllgorau'r Eisteddfod.

Sgwrs Radio, B.B.C., 14 Mawrth 1971.

O GYMRYD y ffordd osgoi newydd heibio i Aberafan fe ddewch y tu hwnt i'r dre i rowndabowt ar bwys pentre bychan y Groes, Margam. Yno, ar y llaw chwith ichi y mae'r capel bychan hynod y mae awdurdodau'r briffordd am ei chwalu y dyddiau hyn er mwyn hwyluso'r draffordd newydd sydd ar y gweill. Y mae'r pentre bychan tlws yn ei grynswth dan yr un bygythiad, ond hyderaf yn fawr y caiff y pentre a'r capel eu harbed.

Capel Wythongl—Capel *Rownd*—yw Beulah. Adeiladwyd ef yn y flwyddyn 1838. Wrth roi darn o dir i'r gymdeithas fechan Fethodistaidd i adeiladu cysegr arno fe addawodd Mr. Talbot o Blas Margam roi'r defnyddiau'n rhad i'r Eglwys ar yr amod y codid ef yn ôl ei gynllun ef ei hun. Dywed traddodiad iddo weld adeilad wythongl ar y Cyfandir, ac iddo chwenychu gweld rhywbeth cyffelyb ar ei stâd ei hun ym Margam. Fe'i hadeiladwyd gan ŵr o'r enw Thomas Jenkins, a chostiodd tua £800 i'w godi. Ef yw'r unig gapel o'r math hwn yng Nghymru.

Hysbyswyd, rai blynyddoedd yn ôl, ddarfod gosod yr adeilad hynod hwn ar restr y llywodraeth o adeiladau y dylid eu diogelu ; a hynny, y mae'n debyg, oherwydd ei hynodrwydd a godidowgrwydd ei bensaernïaeth.

'Roedd John Wesley yn hoff iawn o gapeli wythongl. Gwelodd Eglwys felly yn Dresden yn ystod ei ymweliad â Sacsoni yn 1738, a fe'i hoffodd yn ddirfawr. Adeiladwyd capel wythongl gan gynulleidfa o Ymneilltuwyr yn Norwich tua chanol y ddeunawfed ganrif, a syrthiodd Wesley mewn cariad â'r adeilad hwnnw hefyd. Rhwng y blynyddoedd 1760 a 1776 cododd y Methodistiaid Wesleaidd ryw bedwar ar ddeg o gapeli wythongl yn Lloegr.

Codwyd un ohonynt yn ninas Caer yn 1765, sef yr *Octagon Chapel* y gŵyr llawer o Gymry'r Gogledd amdano.

'Roedd llawer iawn o fedyddfannau eglwysig cynnar ar ffurf wythongl. Credid fod y rhif wyth yn arwyddlun o adenedigaeth, ac oblegid hynny yn gweddu i fedyddfan. Mewn oesoedd diweddarach fe gredai'r werin fod wythongl yn gymwys i adeilad crefyddol am na fyddai ynddo gornel i'r diafol lechu o'i fewn ! Boed fel y bo am hynny, y mae'r Capel Rownd yn y Groes, Margam yn siŵr o fod yn werth ei ddiogelu i'r oes a ddêl.

Sonia'r hen bobol gynt am "*grefydd* rownd"—crefydd gyfan, iach, gymesur, yr un fath â'r Cyfamod Hedd—yn ôl emyn Edward Jones o Faes-y-plwm :

> 'Does bwlch yn hwn—fel modrwy'n grwn y mae ;
> A'i glwm mor glos, heb os ac oni bai.

Crefydd Rownd, ar gyfer gofynion Sul, gŵyl a gwaith.

Mewn Cwrdd Misol un waith ym Morgannwg fe godwyd mater diddorol gan un o flaenoriaid Eglwys y Trinity, Abertawe. 'Roedd tîm o chwareuwyr tennis yn cynrychioli'r wlad hon ar y Cyfandir. Un o aelodau'r tîm oedd merch ifanc grefyddol o'r enw Miss Dorothy Round. Disgwylid i'r tîm chwarae rhai o'r treialon ar y Suliau, ond gwrthododd Miss Round gydymffurfio â'r drefn—'roedd hi am addoli, yn ôl ei harfer, ar y Suliau. Bu raid newid y trefniadau, y mae'n debyg, a chwarae ar ddyddiau'r wythnos.

Tynnodd y blaenor o'r Trinity sylw'r Cwrdd Misol at safiad y ferch ifanc. "Clywais yr hen bobol yn sôn llawer," mynte fe, "am grefydd *rownd*, a dyma ichi enghraifft wych o'r peth. 'Rwy'n cynnig ein bod yn anfon gair at y Miss Round yma i'w llongyfarch hi ar 'i safiad. Crefydd *rownd*, bobol, yng ngwir ystyr y gair". A chytunodd y

Cwrdd Misol yn unfrydol ag awgrym yr hen gyfaill diddan o Abertawe.

Os byth yr ewch chi heibio i bentre bychan y Groes, Margam—a bwrw y *bydd* pentre yno yn y man—arafwch dipyn, a mynnwch gael golwg ar y Capel Rownd.

Sgwrs Radio, B.B.C., 28 Mehefin 1971.

WRTH fynd trwy gofnodion Sasiwn y De yn nechrau'r ganrif ddiwethaf fe'm synnwyd gan amrywiaeth y materion a ddygwyd gerbron y brodyr. Nid at y materion athrawiaethol y cyfeiriaf yn awr, er y byddai'r rheini'n ddigon diddorol, ond at faterion syml bywyd bob dydd, pethau na freuddwydiai'r un Sasiwn yn ein hoes ni eu trafod o gwbl. Er enghraifft, ni fyddai neb o blith y brodyr yn beiddio cyhoeddi llyfr y pryd hynny heb ofyn am ganiatâd y Sasiwn ymlaen llaw. Gofynnai Thomas Jones, yr esboniwr o Gaerfyrddin, yn ostyngedig iawn am ganiatâd i gyhoeddi ei esboniadau; a'r un modd fe ddaeth David Williams o Ferthyr Tudful â chais gwylaidd gerbron ei frodyr am ganiatâd i gyhoeddi rhannau o waith Dr. John Owen.

Pwnc llosg ar ôl yr ordeinio cyntaf yn 1811 oedd bedyddio plant. Digon hawdd oedd penderfynu mai plant rhieni yn proffesu crefydd yn unig a fedyddid, a bod y tad neu'r fam i fod yn bresennol pan weinyddid yr ordinhad, a'i bod i'w chyhoeddi ymlaen llaw yn y seiat. Ond beth am Fethodistiaid anystywallt ardaloedd Llangeitho yn 1821? Lliaws ohonynt heb fedyddio plentyn erioed yn seiadau'r Corff, a rhai blaenoriaid yn gwrthwynebu, ac yn rhwystro'r aelodau rhag mynd â'u plant i'w bedyddio gan weinidogion y Corff! Beth oedd agwedd y Sasiwn at y rhain, tybed? "Dangoswyd bod y peth cyntaf yn eithaf goddefiad yn y Corff, ond bod yr ail yn annioddefol yn neb fel blaenoriaid". Ymhen blwyddyn neu ddwy fe anogwyd pawb i fod yn ffyddlonach i ddwyn eu plant i'r 'gymdeithas neilltuol', a'u cadw, eu llywodraethu, a'u hiawn drefnu yno. 'Roedd un brawd go anhydrin yn sir Frycheiniog a fynnodd ail-fedyddio tri o'i blant; penderfynwyd "nas gellid ei oddef yn aelod, oblegid fod ei ymddygiad yn ddirmyg ar air Duw, yr hwn a ddywed mai un bedydd sydd."

Arolygid buchedd ac ymarweddiad y pregethwyr yn fanwl iawn. Sylwyd mewn un Sasiwn ar y perygl o redeg i drafod pynciau cywrain, a chynghorwyd y pregethwyr i beidio â chwilio am eiriau newyddion, anysgrythurol, ac annealladwy ; arogl o falchder a hunangais a oedd i'r rheini. " Anogwyd pawb hefyd i ymdrechu at ymddygiadau moesgar ymhob cymdeithas." Byddai llawer o deithio ar hyd a lled y wlad yn y dyddiau hynny, ac anogid llefarwyr pob sir i beidio â bod ar ffordd gwŷr dieithr wrth fynd a dyfod i'r Sasiynau, ond troi o'r neilltu er mwyn rhoi cyfle i'r bobl i wrando ar ddoniau newyddion. Ni ddylai pregethwr "cartrefol" fynd â lle dieithriaid yn y cartrefi, gan fod digon o gyfleustra i'w clywed *nhw* bob amser. "Rhybuddiwyd na ddangosom arwyddion o dramgwydd ac anfoddlonrwydd os bydd yr eglwysi ar ryw achlysuron yn cymhwyso llwybr un brawd cyhoeddus at y llall er mwyn hwylustod". Yn yr un Sasiwn fe benderfynwyd "na bod i neb gyhoeddi trwy bregethu, argraffu, a chyfieithu unrhyw lyfr heb gydsyniad y Corff—na bod yn ohebwyr mewn Cyhoeddiadau eraill ar un pwnc o bwys heb ganiatâd y Gymdeithasfa." Ni ddywedir pwy oedd i benderfynu a oedd pwnc o bwys ai peidio ! Dyna'r pryd y rhoddwyd caniatâd i David Williams i gyhoeddi ei drosiad o lyfr Dr. Owen, *Indwelling Sin in Believers.*

Pwnc a flinai'r saint y dyddiau hynny (fel y gwna o hyd, y mae'n debyg) oedd "y mawr niwed o roddi cyhoeddiadau a'u torri." Dywedir wrthym nad arferai'r Apostol Paul ysgafnder yn yr achos hwn. Deuai rhywrai i mewn heb gennad i eisteddiadau'r Sasiwn, a chytunwyd "na

byddai i neb o hyn allan ddyfod i gyfarfodydd y Cym-
deithasfaoedd ond blaenoriaid a phregethwyr, a bod y
blaenoriaid i ddwyn allan eu tocynau wrth y drws, a bod
dyddiad y flwyddyn bresennol i fod ar bob un." Cyhoedd-
wyd tocynnau i'r blaenoriaid yn Aberystwyth o dan
gyfarwyddyd yr Ysgrifennydd.   Tybed a oes rhai o'r
tocynnau hynny ar gael o hyd ? Yr oedd Cwrdd Misol
Morgannwg wedi argraffu tocynnau ar wahân, ond o'r
diwedd cydymffurfiwyd â chais y Sasiwn a chael tocynnau
unffurf.

   'Roedd pregethwyr y dyddiau hynny'n absennol o'u
cartrefi am ysbeidiau meithion, a dylanwadai hynny ar y
ddyletswydd deuluaidd ar eu haelwydydd.   "Anogwyd
ni," meddai un penderfyniad, "i fod yn ddiwyd iawn pan
fyddwn gartref i ddwyn ein teuluoedd gyda ni at orsedd
gras, a pha le bynnag y byddom."   'Roedd urddas y
gwasanaethau cyhoeddus yn fater trafodaeth ambell
waith.   Nid oedd y canu ym Morgannwg o'r safon y
dylai fod, a chynghorwyd eglwysi'r sir a'r "Corff yn
gyffredinol, i ymdrechu at ddiwygiad yn y rhan hynny
o'r addoliad sydd yn gynnwysedig mewn canu mawl."
'Roedd rhai cyhoeddwyr ar fai hefyd, ac fe'u cynghorwyd
"i roddi eu henwau priodol i bregethwyr yn llawn wrth
eu cyhoeddi, ac nid *Jack*, a *Billy*, *Shemmy*, a *Twmmi*." Pa
beth sydd mewn enw ? ebr Shakespeare. Y mae'n amlwg
fod rhagor rhwng enw ac enw yng ngolwg ein tadau.

   Rhyfedd iawn yw'r penderfyniad a basiwyd ar ôl
marwolaeth Ebeneser Morris, Twr-gwyn, yn gwahardd
cyhoeddi "un fath o farwnadau i'r rhagddywededig
frawd, ac eraill, heb eu cymeradwyo gan y Corff."
Argraffwyd pregeth goffa i'r gwr mawr hwnnw o'r
eiddo John Elias, ac fe hysbyswyd y Sasiwn amdani ;
eithr "barnwyd mai gwell fyddai peidio ei chyhoeddi o'r

pulpud, er mwyn peidio gosod siampl". Mewn Sasiwn cyn hynny fe gytunwyd nad oedd neb i werthu llyfrau ar y Sabathau, na'u gadael i'w gwerthu chwaith, "ond yn unig cymaint ag a fyddo angenrheidiol i'r Ysgol Sabbothol dros y dydd hwnnw". Llinell derfyn denau iawn !

Dyma gyfres o anogaethau a gocheliadau, i derfynu. Yn Sasiwn Ystradgynlais yn 1826 fe basiwyd y gyfres hon : (1) Am i aradr y gwirionedd fynd yn ddyfnach ; (2) Bod i bregethwyr ieuainc ochelyd ymgodi ; (3) Bod i ni ochelyd meithder mewn oedfeuon wythnosol ; (4) Bod i ni ochelyd dywedyd dim yn groes i'n gilydd yn gyhoeddus ; a (5) Gochelyd torri cyhoeddiadau. Ychwanegwyd dau ocheliad arall yn Sasiwn Tredegar : (1) Bod y pregethwyr ieuainc i wylio yn erbyn balchder a bod yn ddadleugar ; a (2) Peidio â phregethu pregethau rhai eraill, na bod yn faith wrth bregethu. Pwy a wadai nad yw'r rhybuddion a'r gocheliadau hyn oll yn fuddiol o hyd ?

Fe gynghorwyd y llefarwyr yn ddiweddarach i beidio â rhoi'r gorau i'w crefftau a'u galwedigaethau heb ganiatâd eu Cyfarfodydd Misol, na mynd ar daith ymhellach nag y caniateid iddynt yn y siroedd ; "a gochelyd ysgafnder yn y teuluoedd lle y byddont yn myned, a phob ymddangosiadau o falchder—llefaru yn isel a dibarch am ei gilydd—a phob geiriau ac ymadroddion newydd, y rhai sydd yn arwyddo coegaidd ragweld y meddwl". Yn Sasiwn Trefdraeth, sir Benfro, fe roddwyd rhybuddion cyffredinol i'r holl bregethwyr fel ei gilydd : "Peidio bod yn dueddol i alw ymhob tafarn, a phan mewn trefydd, myned o dŷ i dŷ, a gochelyd yfed ar gefnau y ceffylau mewn drysau, ac mai agwedd porthmyn annuwiol ydyw— peidio â llefaru neu siarad yn isel am bleidiau eraill o grefyddwyr."

Dyna rai o'r materion a drafodid yn Sasiynau'r Hen
Gorff yn nechrau'r ganrif ddiwethaf. Pery ambell fater
o hyd yn "bwnc llosgawl", ond prin y breuddwydiai neb
am godi rhai o'r materion hyn mewn Sasiynau mwyach,—
"bugeiliaid newydd sydd ar yr hen fynyddoedd hyn,"
ac nid yr un yw eu problemau nhw ag eiddo'r hen fugeil-
iaid. Ond y mae'r Achos Mawr yn bod o hyd, a deil y
genhedlaeth newydd—fel yr hen—i ddwyn mawr sêl dros
urddas yr Eglwys a llwyddiant y gwaith. Oblegid, fel y
dywedai'r hen frodyr, "Un grand yw'r Efengyl".

Y Drysorfa, Mehefin 1946.

Y MAE pentre o'r enw Mynwent y Crynwyr ym Mor-
gannwg, ond nid am hwnnw y soniaf yma. Bûm ar
ymweliad yn fy nydd hefyd â mynwent fechan y Crynwyr
yn y Wern-driw, ar bwys Llanddewibrefi yng Nghere-
digion, ac â mynwent y Crynwyr yn Llwyngwril ym
Meirionnydd. Ond nid am y rheini chwaith y soniaf yn
awr, ond am fynwent fechan y Crynwyr ym Mryn-maen,
ar war Llandeilo Fawr yn Sir Gâr. Hi, mi dybiaf, yw'r
fynwent leiaf yn Sir Gaerfyrddin.

Ond atolwg, ym mhle yn union y mae Bryn-maen?
Ewch yno rwyddaf o gyfeiriad Llandeilo gan droi ar y
chwith i hewl Talyllychau, a throi drachefn ar y chwith ar
ôl pasio hen dŷ nobl y New Inn. Yma, ar gydiad y ddwy-
ffordd, lle mae tŷ gweddol newydd bellach, y safai gynt
Dŷ-cwrdd y Crynwyr. Ymlaen oddi yma i bentre Heol-
galed (neu Salem, fel y nodir ar y mynegbost), a throi i'r
lôn gul ar y dde ar bwys y llythyrdy, ac ymholi wedyn
am dyddyn Bryn-maen.

Y mae'r fynwent fechan—neu'r ardd gladdu, fel y'i
gelwid gynt—ar glôs y ffarm. O'i hamgylch y mae wal
gadarn tua chwe troedfedd o uchder, a maint yr erw
sanctaidd yw tua 24' x 22'. Y mae dwy ywen o'i mewn
ac yn cysgodi drosti. Y mae gât haearn i'r agoriad a
cheir yr arysgrif a ganlyn ar blât haearn :

FRIENDS' BURIAL GROUND
1870

Y mae'r fynwent yn hŷn na hynny, wrth gwrs. Ceir
cyfeiriad ati cyn belled yn ôl â 1764 ; mewn adroddiad o
Gwrdd Misol y Crynwyr cofnodir fod 14s. 9c. wedi ei
gasglu at drwsio'r fynwent. Dywedir bod mynwent yma

er y flwyddyn 1698, ond ni ellir bod yn sicr iawn o'r
dyddiad cynnar hwnnw.

Ni wyddys faint o gyrff a gladdwyd yn y fynwent,
eithr gwelir dau faen coffa yno hyd heddiw. Dyma'r
arysgrif a geir ar yr hynaf o'r beddrodau, yn null y Cryn-
wyr o ddynodi'r mis a'r dydd :

> Samuel Thomas who died on the 1st day of the 4th mo.
> 1790 aged 6 years and 8 months.

Beddrod hynafgwr yw'r llall :

> T. Rees, Cae'r groes who died the 25th April 1829,
> aged 81 years.

Dyna gyfnod o ddeugain mlynedd rhwng dwy gladdedig-
aeth. Thomas Rees o Gae'r-groes, ffermdy hynafol ym
mhlwyf Llandybïe, oedd y gŵr uchod, Crynwr adnabydd-
us yn ei ddydd ; efallai taw ef oedd yr olaf i'w gladdu yn y
fynwent.

Beth sy'n cyfrif am fodolaeth y fynwent fechan hon
mewn lle mor anghysbell ? Dywed yr Archddiacon
Tenison, mewn adroddiad o'i ymweliad â phlwyfi Sir
Gâr yn 1710, fod Cwrdd gan y Crynwyr yn Llandeilo
Fawr yn cynnwys chwe theulu. Cyfarfyddent, y mae'n
ddigon tebygol, ym Mhenplas, ac yno yr ymwelwyd â
nhw 12 Rhagfyr 1753 gan y Crynwr adnabyddus John
Player o Gastell-nedd. Gwraig weddw o'r enw Mrs.
Bowen a drigai ym Mhenplas y dyddiau hynny. Dran-
noeth fe gynhaliwyd cwrdd ym Mhen-y-banc, yn nhŷ
Thomas Price. Cododd gwrthwynebiad o ryw gyfeiriad
i gynnal y cyrddau o hynny 'mlaen ym Mhenplas, ac
apwyntiwyd Jacob Dafydd a Lewis William i chwilio am
dŷ-cwrdd arall. Dyna'r pryd y symudwyd i'r Cae-glas
ar bwys y New Inn ym mhlwyf Llandeilo.

Safai'r Cae-glas gynt ar y safle a nodwyd uchod, a bu'r Crynwyr yn addoli yno am flynyddoedd lawer. Tröwyd y tŷ cwrdd yn dŷ-byw o'r diwedd—pan ddarfu am y Crynwyr ; bwthyn to-gwellt ydoedd, yn ôl y rhai a'i cofiai ; ynddo y buwyd yn addoli hyd tua dechrau'r ganrif ddiwethaf, ac erys darn o dalcen yr hen dŷ o hyd.

Ceir hanes am Gyrddau Misol gan y Crynwyr gynt yn yr ardaloedd hyn, un yn "Llandebea", er enghraifft, 2 Chwefror 1788, a Thomas Rees (a gladdwyd ym Mrynmaen), John Griffiths, a Job Thomas o Ben-y-waun yn bresennol. Gŵr go amlwg gyda'r Crynwyr oedd Job Thomas ; bu'n weinidog yn eu plith am ugain mlynedd. Dilynai'r Cyrddau Misol yn gyson yn ei gartref ei hun, ac yng Nghaerfyrddin, Abertawe a mannau eraill. Cyn diwedd ei oes fe gwympodd oddi ar gefn ei geffyl, a chaethiwyd ef i'w wely am ddeng mlynedd olaf ei oes. Eithr cedwid cyrddau yn ei dŷ a gweinidogaethai yntau o'i wely i'w gydgrefyddwyr. Bu farw yn Awst 1807, a chladdwyd ef ym Mryn-maen yn 57 mlwydd oed.

Yng Nghofnodion Cwrdd Misol 1808 ceir crynodeb o'i yrfa, yn dystiolaeth dros Gyfarfodydd Misol siroedd Caerfyrddin a Morgannwg. Cyhoeddwyd y dystiolaeth hon gan y Crynwyr yn Llundain : "Printed and Sold by W. Phillips, George Yard, Lombard Street, 1808" ; a chafodd ei ail-argraffu gan y "London Tract Association" yn 1849, 1853 a 1862.

Gwelir cyfeiriad diddorol at Job Thomas gan John Hughes, *Methodistiaeth Cymru* (ii, 455) : "Tystiolaethai un Job Thomas, un o'r Crynwyr, yr hwn a drigai gerllaw tref Llangadog, ei fod yn cofio clywed Howel Harris yn pregethu yno amryw weithiau". Diddorol iawn yw'r ffaith ddarfod i'r Crynwr hwn o Sir Gâr glywed y pregethwr tanllyd o Drefeca yn pregethu. Beth oedd ei farn amdano, tybed ?

Fe welir yn awr paham y caewyd mynwent gan y
Crynwyr ym Mryn-maen.   Claddwyd gweddillion
llawer ohonynt yno ; yr oedd llawer mwy o feini coffa
o'i mewn yn yr hen amser nag a welir erbyn hyn. Dywedir
hefyd y cynhelid cyrddau gan y Crynwyr yn Mryn-maen,
ac y mae hynny'n ddigon tebygol. Gofynnais i hen ŵr
o'r ardal pa fath bobl oedd wedi'u claddu ym Mryn-maen
a'i ateb oedd, "Pobol go anystyriol oedden nhw". Ie,
pobl go anystyriol oedd y Crynwyr. Nid ystyrient na dyn
na diawl ; gogoniant Duw oedd y pennaf peth yn eu
golwg, a gweithredent bob amser yn ôl y goleuni a oedd
yn tywynnu megis fflam yn eu cydwybodau.

[Ymwelais â Bryn-maen ym mis Mai 1965. Pwyliaid
oedd yn byw yno y pryd hynny, a phrin y deallai gŵr
y tŷ Saesneg, heb sôn am Gymraeg ! 'Roedd olion
esgeulustod yno, y gât haearn wedi ei chwalu, a'r anifeil-
iaid yn sarnu'r fynwent.]

Western Mail, 14 Hydref 1938.

Y MORAFIAID YN HWLFFORDD

Bu ymweliad Sasiwn y De â Hwlffordd yn ddiweddar yn gyfle i rai ohonom weld capel bychan y Morafiaid yn y dref hynafol honno. Bûm yn edrych ymlaen ers blynyddoedd, yn enwedig ar ôl darllen gweithiau R. T. Jenkins, M. H. Jones, a D. J. Odwyn Jones, am gyfle i weld pethau drosof fy hun. Fe ddaeth y cyfle yn ystod y Sasiwn. Gwybydded y brodyr a'm collodd o rai o'r eisteddiadau yn Ebeneser taw lan yn y capel bach ar bwys St. Thomas' Green yr oeddwn, ac ysgrifennaf hyn o lith i wneud iawn dros fy esgeulustod.

Eglwys Forafaidd Hwlffordd yw'r unig gynulleidfa sydd gan y Morafiaid yng Nghymru. [Nid yw hynny'n wir mwyach, oblegid fe ddaeth yr achos i ben, a chwalwyd y capel gan awdurdodau'r dre i ehangu'r hewl.] Dywed y bwrdd y tu faes i'r capel fod yr *Unitas Fratrum*—cymdeithas y brodyr unedig—yn mynd yn ôl i'r flwyddyn 1457 ; a disgrifir yr Eglwys ei bod yn Brotestannaidd, yn Efengylaidd, ac yn Esgobol. Ceir cynulleidfa fechan yma o Sul i Sul dan weinidogaeth y Parchedig R. J. Burr. Llundeiniwr yw Mr. Burr, ac y mae ganddo ef a'i briod fachgen a merch—y ferch ar hyn o bryd yn y sefydliad addysgol Morafaidd yn Fulneck yn swydd Efrog. Faint yw rhif y gynulleidfa ? Tua ugain, mwy neu lai, yn ôl Mr. Burr. A ydynt yn Forafiaid o ran gwaedoliaeth, ac yn perthyn i'r hen Forafiaid gynt yn Hwlffordd ? Na, yn ôl Mr. Burr ; y mae llawer ohonynt yn Fedyddwyr ac yn Fethodistiaid o ran eu codiad, ond yn awr yn Forafiaid.

Y mae Morafiaeth sir Benfro yn mynd yn ôl i gofnod y Diwygiad Methodistaidd. 'Roedd seiat fechan ar bwys Hwlffordd yn 1745 wedi ei sefydlu gan Howel Davies,

apostol sir Benfro fel y'i gelwir. Dechreuodd y cenhadon
Morafaidd ddylanwadu ar rai o aelodau'r seiat honno, a
chyn hir lledaenodd y dylanwad dros y sir, a thros y ffin
i Sir Gâr—heb sôn am siroedd Gwynedd. Bu John Cennick
yn pregethu yn sir Benfro, un o bregethwyr huotlaf y
Morafiaid yn ei ddydd,—gwn am ddeugain o'i bregethau
a gyhoeddwyd yn llyfrynnau bychain yn Llundain ac
Iwerddon rhwng 1744 a 1756. Hen Fethodist oedd
Cennick, a bu'n pregethu gyda John Wesley a George
Whitefield cyn iddo droi at y Morafiaid. John Cennick
oedd cyfrwng troi John Harries, St. Kenox (ger Hwlffordd)
un o gynghorwyr galluocaf y Methodistiaid yn sir Benfro
yn y cyfnod cyntaf, oddi wrth Fethodistiaeth at Forafiaeth.
Gwelais enw John Harries (yn y cofnodion y soniaf
amdanynt maes o law) fel ymgeisydd am y weinidogaeth
yn eu plith yn 1759. Bu farw Harries yn 1763 a'i gladdu
ym mynwent St. Thomas, ond yn ofer y chwiliais am ei
feddrod yn y fynwent honno. Tebyg nad yw ei fedd yn
wybyddus i neb bellach, ac hyd y gwn i nid oes faen arno
i'w ddynodi. (Y mae hynny'n wir hefyd am gynghorwr
Methodistaidd arall a droes at y Morafiaid, sef James
Beaumont o Faesyfed. Bu farw yn nhŷ John Sparks, un o
Forafiaid blaenllaw Hwlffordd, ym Mehefin 1750, a'i
gladdu ym mynwent Prendergast, lle gorwedd gweddill-
ion Howel Davies. Ni wŷr neb am fan fechan bedd
Beaumont chwaith).

Dechreuodd Morafiaid Hwlffordd ymgasglu at ei
gilydd mewn neuadd fechan ar bwys y Cei, ond y mae'n
amlwg nad oedd addoli'n beth hawdd yno—ar adegau.
Cwynir fwy nag unwaith yn y cyfnodion fod sŵn ang-
hyffredin o gyfeiriad y Cei yn aflonyddu ar yr addoli.
Y mae Cei Hwlffordd yn ddigon tawel bellach ! Prynwyd
darn o dir gerllaw St. Thomas' Green yn 1765, a chyf-

addaswyd y tŷ perthynol iddo i weithredu fel capel. Aeth y tŷ yn rhy fychan yn fuan ; gosodwyd carreg sylfaen capel newydd yn Ebrill 1773, a thraddodwyd y bregeth gyntaf ynddo yn Awst yr un flwyddyn. Saif y capel hwnnw o hyd (h.y., yn 1951), a cheir mynwent fechan—tebyg i un o fynwentydd y Crynwyr—yn ei ymyl.

Un o'r prif arweinyddion ymhlith y Morafiaid yn Hwlffordd oedd yr ysgolhaig a'r sant John Gambold, brodor o Gasmael, sir Benfro. Hen Fethodist oedd Gambold hefyd, ac un o aelodau'r Clwb Sanctaidd yn Rhydychen. 'Roedd yn berson Stanton Harcourt ar bwys Rhydychen, bywoliaeth gyfoethog a chyfleus i fanteision afrifed i ŵr o'i fath ef. Cefnodd ar y cwbl pan ymunodd â'r Morafiaid, ac ymneilltuodd i Hwlffordd i lafurio mewn cornel dawel o'r winllan ymhlith pobl ddirmygedig a di-nod. Fe'i hanrhydeddwyd ef gan y Morafiaid, ac ordeiniwyd ef yn esgob yn eu Heglwys hynafol. Pan fu farw ym Medi 1771 fe gofnododd y Brawd Nyberg y ffaith yn nyddlyfr y gynulleidfa : "Our dear & venerable Brother Gambold departed this Life & entered into the joy of his Lord Yesterday morning (Sept. 13) about one o'clock : his Remains will be interred on Monday ye 16th at three o'Clock". Gwelais ei fedd yn y fynwent, a cheir yr arysgrif syml a ganlyn ar y garreg fechan isel :

John Gambold, M.A.
Bishop of the
Unitas Fratrum
Aged 60 Y. 4 M. 22 D.
Rested from his Labour
Septr. 13th 1771.

Aeth y gweinidog â mi o gwmpas y capel a'r festri. Rhywbeth tebyg i dai-cyrddau ymneilltuol y cyfnod ydyw, ag oriel yn wynebu'r pulpud. Ceir organ fechan yn yr oriel ; cariwyd hi yno o Gaerfaddon, a dywed traddodiad fod Handel wedi'i chwarae hi un waith. Yn y festri gwelais ddarluniau cyfoes o John Cennick a'r Esgob John Gambold.

Cefais olwg hefyd ar rai o'r llawysgrifau gwerthfawr sydd ym meddiant yr eglwys, sef cofnodion sy'n mynd cyn belled yn ôl â'r flwyddyn 1763. Wrth droi dail yr hen gofnodion ceir golwg yn awr ac yn y man ar arferion crefyddol maes o'r cyffredin. Byddai'r Morafiaid yn bwrw coelbren i benderfynu pob math o achosion. Gadewid pob problem i ewyllys ac i gymeradwyaeth yr Arglwydd. Fel rheol, rhoddid dau gwestiwn cyferbyniol i ewyllys y coelbren, gan ychwanegu papur gwyn. Y coelbren a benderfynai, er enghraifft, a oedd Elizabeth Poyer i'w bedyddio ; a hwn-a-hwn neu hon-a-hon i gyfranogi o'r Cymun Bendigaid ; a oeddynt fel corff o bobl i gyfathrachu â phobl John Relly—sect fechan efengylaidd â'i dechreuad yn sir Benfro. Trwy ewyllys y coelbren y derbyniwyd gweddw John Harries, St. Kenox, yn aelod, a'r un modd ferch o'r enw Elizabeth, a'i gorchymyn i briodi gŵr o'r enw John Plevy o Loegr.

Arferiad arall ymhlith y Morafiaid oedd golchi traed seremonïol—y *pedilavium*, fel y gelwid y ddefod. Wele gofnod o ddyddlyfr 1770 : "The footwashing of the Brethren will be in the parlour, and of the Sisters in the Chapel at the same time."

Y mae'r hen arferion a'r defodau hyn wedi eu rhoi heibio bellach, ond fe erys y gynulleidfa fechan—hyd heddiw, fodd bynnag—yn Hwlffordd. 'Roedd Howel Harris yn edmygydd mawr o'r Morafiaid a'u bywyd eglwysig, a gadawodd eu hemynwyr eu dylanwad ar Bantycelyn. Un o'u harferion oedd gosod y merched a'r gwŷr i eistedd ar wahân i'w gilydd yn yr oedfeuon. Ceir hynny o hyd yng nghyrddau'r wythnos llawer o'n heglwysi, a dyna'r arfer hyd heddiw ar y Suliau hefyd yn eglwys Glanrhyd, sir Benfro [a fu dan fy ngofal cyn i mi ymddeol o'r weinidogaeth].

Y Goleuad, 24 Hydref 1951.

Geiriau'r proffwyd Habacuc, wrth gwrs—"Safaf ar fy nisgwylfa, ac ymsefydlaf ar y tŵr, a gwyliaf." Ceir mwy nag un capel yng Nghymru yn dwyn yr enw Disgwylfa, ond hyd y gwn i un yn unig a gafodd yr enw "Watchtower", a hynny mewn ardal wledig Gymreig yng ngodre Sir Aberteifi. "I will stand upon my watchtower",— felly y mae'r adnod yn Saesneg, a'r ymadrodd hwnnw a roes ei enw i'r capel bychan neilltuedig sydd gan y Methodistiaid ar bwys Betws Ifan yng Ngheredigion.

Paham y galwyd ef felly ? Yn y ganrif ddiwethaf trigai hen ferch od yn yr ardal o'r enw Jane Walters, merch John Walters, Beddgeraint, cyfreithiwr. Cododd John Walters blas Glan Medenni, ac yno y bu Jane Walters a'i chwaer yn byw am flynyddoedd lawer. Ymadawodd y ddwy chwaer â'r lle cyn hir dan amgylchiadau anarferol iawn, ac aethant i fyw i Gastellnewydd Emlyn. Fel hyn y bu. Digwyddai fod priodas yn yr ardal, a dywedir i rai o'r gwesteion yfed ar y mwyaf ar ôl y wledd briodasol. Rhodiai'r ddwy chwaer ar un o ffyrdd y wlad y diwrnod hwnnw, a dyna ddau ŵr ieuanc dan ddylanwad y ddiod yn cwrdd â nhw. Heriodd un ohonynt y llall i gusanu un o'r chwiorydd, a llwyddodd i wneud hynny. Dygwyd yr achos gerbron y llys, a bu'n rhaid i'r llanc dalu'n o ddrud am ei ryfyg. 'Roedd hynny adeg terfysg Rebeca, a bygythiwyd y ddwy chwaer y caent eu niweidio. Yn eu braw cefnwyd ar Blas Medenni, ac aethant i fyw i Gastellnewydd Emlyn. Yno y bu Jane Walters am dair blynedd ar ddeg, ond ar ôl claddu'i chwaer dychwelodd i'r plas.

'Roedd Jane Walters o natur grefyddol iawn, a chredai'n gryf yn athrawiaeth yr ailddyfodiad a theyrnasiad Crist ar y ddaear am fil o flynyddoedd. Credai'n gryf yn athrawiaeth y Milinariaid, a bod Satan i'w orchfygu a'i rwymo yn y diwedd. Cafodd dröedigaeth mewn modd go hynod. Yr oedd yn hoff iawn o asynnod, a gwelid hi'n aml ar ambell feidir yn y wlad yn brychgáu ar gefn asyn. Dywedai'n fynych fod yr Arglwydd Iesu yn marchogaeth ar gefn asen, a mynnai hithau ei ddilyn Ef. Ond un dydd cwympodd oddi ar gefn yr anifail gan dorri'i chǫes. Yr adeg y bu hi yn orweddiog wedi'r anffawd cafodd freuddwyd ryfedd, a thystiai ar ôl hynny iddi weld yr Arglwydd Iesu a chael sgwrs ag Ef.

Ar ôl ei thröedigaeth ymroes Jane Walters i ddarllen a myfyrio yn y Testament Newydd, a daeth i goleddu athrawiaeth y Milinariaid. Nid âi fyth i'w gwely yn y nos bellach heb feddwl am ailddyfodiad Mab y Dyn, a gweddïai'n gyson am gael bod yn barod i groesawu'r Ceidwad. "A Mab y Dyn, pan ddêl, a gaiff Efe ffydd ar y ddaear ?"—'roedd *un* person, o leiaf, yn sir Aberteifi yn disgwyl yn feunyddiol am ei ddyfodiad Ef.

Yn y flwyddyn 1865 cododd dŷ-cwrdd bychan ar ei thraul ei hun, ac fe'i gwaddolodd trwy roi fferm Rhiwfelen, gwerth £750, i gynnal yr achos. Yr enw a roed arno oedd "Watchtower", yn unol â'i chredo diwinyddol. Ar y cyntaf ni pherthynai'r achos i unrhyw enwad arbennig, ond 'roedd ganddi dipyn o gewc ar y Methodistiaid Calfinaidd ac at y Corff hwnnw yr aeth i ymgynghori ynghylch sicrhau gweinidogaeth gyson yno. Trefnwyd hyn trwy wneud Tan-y-groes yn daith Sabothol gyda Watchtower, a chael oedfa brynhawn yno bob Sul. Pery'r drefn yna hyd heddiw. Ar agoriad y capel fe bregethwyd gan y Parchedigion John Jones, Blaenannerch, ac Evan Phillips, Castellnewydd Emlyn—dau o gewri'r enwad.

Y dydd o'r blaen euthum am dro i weld y tŷ-cwrdd bychan. Saif yn ymyl Glan Medenni, yng nghanol twr o

goed talgryf a nythfa frain yn un cwr ohonynt. Copïais
yr arysgrif sydd ar y maen ar y mur :

1865

WATCHTOWER

or

DYSGWYLFA DYFODIAD CRIST

Math. xxiv, 27

Cyfeirir at yr adnod : "Oblegid fel y daw y fellten o'r
dwyrain, ac y tywynna hyd y gorllewin ; felly hefyd y
bydd dyfodiad Mab y Dyn".

Am gyfnod o un mlynedd ar hugain Jane Walters a
lywodraethai'r achos yng nghapel Watchtower.   Yn
ystod ei hoes hi prin yr oedd angen na gweinidog na
blaenor yno. Cymerai ran yn gyson yn y cyfarfodydd
gweddi, a'r un oedd byrdwn ei deisyfiadau bob amser,
sef erfyn yn daer am ddinistr y Bwystfil a nodir yn
Natguddiad Ioan, ac am i'r Arglwydd brysuro'r dyfodiad
mawr. Yn fuan ar ôl codi'r capel daeth gŵr o'r enw Owen
Davies i fyw i Ffynnon-y-gog. 'Roedd ef yn gantwr
rhagorol a magodd deulu o gantorion a fu'n gefn i'r
achos am flynyddoedd lawer.

Am lawer blwyddyn ni soniai Jane Walters am gyf-
lwyno'r capel i feddiant y Methodistiaid, er mai gweini-
dogion yr enwad hwnnw a wasanaethai yno'n gyson.
Awgrymwyd iddi'n gynnil fwy nag unwaith y dylai
wneud rhywbeth, ond yr unig ateb a geid oedd mai i'r
Methodistiaid y rhoddid y capel yn y diwedd.   O'r
diwedd mynegwyd wrthi'n blaen os oedd hi am sicrhau
hynny y dylid cael gweithred gyfreithiol a honno wedi ei
harwyddo flwyddyn o leiaf cyn ei marwolaeth. Gwyllt-
iodd yr hen ferch braidd pan ddeallodd hi'r sefyllfa, ac o
ganlyniad fe wnaed gweithred a phenodi nifer o ym-
ddiriedolwyr dros y Cyfundeb.

Bu fyw Jane Walters am ryw dair blynedd ar ôl ar-
wyddo'r weithred. Bu farw yn nechrau Mis Bach 1881, a
chladdwyd ei gweddillion yn y ddaear o flaen y tŷ-cwrdd.
Yn ei hewyllys olaf gwnaeth drefniadau pellach ar gyfer
cynnal yr achos. Ei dymuniad oedd y byddai ei chyd-
aelodau yn cael eu claddu yn yr un llain â hi ; ond hyd
yma ni fynnodd neb fanteisio ar y fraint honno. Ceir
carreg wastad ar ei beddrod a'r arysgrif a ganlyn arni :

In Memory of Jane Walters of
Glanmedenny, who died February
the 7th 1881, Aged 87 years

Gorwedd yma yn nhawelwch y wlad, heb neb i amharu
ar ei heddwch ond crawc y brain uwchben, ac emynau
a gweddïau'r saint y tu mewn i'r cysegr bychan.

A oes neb yn Watchtower heddiw yn disgwyl am ei
ddyfodiad Ef ? Yn wir, a oes rhywrai yng Nghymru yn
dal i ddisgwyl ? Hynny oedd pennaf obaith Jane Walters,
a chredai'n ddigon angerddol yn ei gobaith nes iddi godi
cysegr i fod yn dystiolaeth barhaol o'i chred.

Ar ôl f'ymweliad â Chapel Watchtower, fe'm cyff-
röwyd i gyfansoddi'r rhigwm a ganlyn i'r hen chwaer
ddisgwylgar hon :

Mae'r hen Siân Wallter ar ei phen ei hun
Yn disgwyl dyfodiad Mab y Dyn.

Ar hyd y blynyddoedd mae'r hen chwaer
Yn gorwedd yn dawel, yn disgwyl yn daer.

Mor unig ei bedd ! mor llonydd, mor drist
Ei hoed wrth Ddisgwylfa Dyfodiad Crist.

Mae'r byd yn mynd heibio, a hithau 'fan hyn
Yn hir ei hamynedd, yn aros yn syn.

Pob clod i Siân Wallter, a phob perchen ffydd
Sy'n disgwyl fel hithau am ddyfod y dydd

Y daw'r Arglwydd Iôr ar gymylau'r nen
I reoli'r hen ddaear, yn Frenin, yn Ben.

Cardigan & Tivyside Advertiser, 24 Rhag. 1965.

AR BEN Y MYNYDD MELYN

TUA thymor neu ddau'n ôl, a hithau'n "brynhawngwaith teg o haf hirfelyn tesog" (chwedl y Bardd Cwsg), euthum am dro i ben y Mynydd Melyn. Ond atolwg, ym mhle mae'r Mynydd Melyn ? Gellir mynd iddo wrth droi ar y chwith o'r briffordd yn union wedi mynd trwy Drefdraeth, yn Sir Benfro, a chymryd hewl y mynydd. Ar ôl dringo dipyn fe ddaw Carn Ingli i'r golwg ar y chwith, ac o edrych yn ôl ceir golygfeydd hyfryd o'r arfordir, o Ben Cemais i Ynys Dinas, a phellach na hynny.

Ar ôl cyrraedd gwastad y mynydd gwelir yr hirfaen mawr, Bedd Morys, ar y dde yn ymyl y ffordd. Pwy oedd Morys ? A phaham y claddwyd ef ar yr ucheldir hwn ? A phwy a gododd y maen mawr hwn ar ei fedd ? Cwestiynau haws eu gofyn na'u hateb. Yr unig Forys hynafol y gwn i amdano yw Morys y Gwynt. Y mae ef a'i frawd Ifan y Glaw yn ddigon cyfarwydd â'r uchelderau noeth hyn !

Ond ffordd arall a gymerais i i'r Mynydd Melyn y prynhawn hwn, sef troi ar y chwith wrth y Dinas, heibio i Facpela'r Bedyddwyr, ac i fyny i'r mynydd. Y mae golygfeydd i'w rhyfeddu o'r fan honno hefyd, a chawsom bicnic ar lecyn gwyrdd lle gallem weld gogoniant môr a mynydd. 'Roedd blodau'r mynydd ar eu gorau y prynhawn hwnnw, yn garped amryliw mewn ambell lecyn, a dotiais ar geinder natur. Beth na roddai garddwr am gael teirllath sgwâr o'r carped hwn i'w ardd ?

Gwelwn dyddyn yn y pellter, ac adeilad tebyg i feudy neu sgubor rhyngof ag ef. Ar barc bychan ar bwys yr adeilad gwelwn smotiau gwynion go fawr, a deffrowyd fy chwilfrydedd. Brasgamu am ryw hanner milltir

neu ragor, a beth oedd yno—i'm llawenydd—ond saith
neu wyth o fwyd y barcud (*mushrooms*), ac un ohonynt
gymaint â phlât cinio. Blasusfwyd o'r math a garaf
oedd y rhain, ac edrychwn ymlaen yn awr am eu cael i
swper.

'Roedd yn rhaid cyrchu at adfeilion hen gapel Tre-
ddafydd ar y chwith yn ymyl yr hewl ar y goriwaered.
Yr ydym ym mhlwyf Llanychlwydog yn awr, ac o danom
ar y dde y mae dyffryn coediog prydferth Cwm Gwaun.
Bûm ar gyfyl yr adfeilion hyn ar brynhawn Sul ym Mai
1961, a minnau'n gwasanaethu dros y Sul hwnnw ym
Mrynhenllan. Cefais gyfle i fynd yno yng nghwmni Mr.
William Bowen, Porthlisgi, ar bwys Brynhenllan, a Mrs.
Davies o Gwm Gwaun (a fagwyd yn Mhen-tyrch ym
Morgannwg).

Yn y ddeunawfed ganrif trigai gwraig grefyddol yn
Nhreddafydd o'r enw Mrs. Miller, a rhoddai groeso i'r
Methodistiaid a'r Morafiaid i'w thŷ. Cododd gapel
bychan ar ei thir, ac yn ôl cofnodion y Morafiaid yn
Hwlffordd fe'i hagorwyd 23 Chwefror 1768, gan Howel
Davies, Apostol sir Benfro. 'Roedd Treddafydd, felly,
yn un o gapeli cyntaf y Methodistiaid yn y sir. Cawn
hanes am Lorenz Thorstan Nyberg, y Morafiad, ac Owen
Jones o Drefdraeth yn pregethu yma yng Ngorffennaf
1768, y naill yn Saesneg a'r llall ym Gymraeg. Brodor o
Geredigion oedd yr Owen Jones hwn, a dywedir iddo
gael addysg dda ar gyfer ei gymhwyso i'r offeiriadaeth.
Bu'n cadw ysgol yn rhywle, a phregethai'n gyson ymhlith
y Methodistiaid. Bu farw yn 1772 yn 22ain mlwydd oed,
a chanwyd marwnad i'w goffadwriaeth gan yr hen brydydd
John Evans o'r Argoed ar bwys Cenarth.

Yr oedd Owen arall hefyd â chyswllt rhyngddo a
Threddafydd, sef Owen Hughes, yntau hefyd yn ysgol-

feistr a phregethwr. Ganwyd ef yn 1754 yn fab i Erasmus Hughes o Benlan, Llanychlwydog. 'Roedd Dafydd ei frawd yn dad i Joseph Hughes (*Carn Ingli*), offeiriad Meltham yn swydd Efrog—y clerigwr efengylaidd a'r eisteddfodwr. Cafodd Owen Hughes addysg glasurol dda, ac ymsefydlodd fel ysgolfeistr yn Nhreddafydd, a phregethai yno hefyd ar y Suliau. Bu farw yn 1799 a chladdwyd ef yn Llanychlwydog. Gwelais ddau lyfryn o'i waith, sef *Allwedd Newydd i Ddarllain Cymraeg* (1788), a *Marwnad Ioan Harri o Dref Amlod* (1788).

Yn ôl cofnodion y Morafiaid fe gynhigiodd Mrs. Miller gapel Treddafydd i wasanaeth Edward Oliver, y Morafiad, yn 1768, mewn gobaith y deuai i'r ardal i bregethu'r ffydd Forafaidd yn Gymraeg. 'Roedd hi eisoes wedi rhoi lês ar y capel i Siôn Harri o Dreamlod, y cynghorwr Methodistaidd ; ond ar ôl rhoi'r lês mynnai gael rhyddid i'r Brodyr Unedig—y Morafiaid—gael pregethu yno hefyd. Teimlai'n flin o'r herwydd, ond nid oedd am newid y trefniadau chwaith. Pregethai'r Methodistiaid yn gyson yn Nhreddafydd ar hyd y blynyddoedd, a bu'r capel yn daith Sabothol mewn cyswllt â chapel Brynhenllan, Dinas.

"Bu feirw yr hen grefyddwyr" yn Nhreddafydd, meddai John Hughes ym *Methodistiaeth Cymru* (ii, t. 330), a hynny "heb fod iddynt olynwyr, a chododd y Bedyddwyr gapel gerllaw"—capel Jabez, hwyrach—"a rhwng y naill a'r llall, bron na ddiffoddodd y gannwyll yn Nhreddafydd ; eto ni ddiffoddodd yn llwyr a hollol. Y mae, weithian, fel un wedi teimlo ei afiechyd, ac heb ei ladd ganddo, yn dechrau dadebru drachefn. Y mae yn awr mewn cysylltiad â'r Dinas, a llochesir gobeithion fod y gaeaf caled wedi myned heibio, a bod gwanwyn hyfryd yn dechrau nesau." Eithr nid gwanwyn ydoedd, ond ryw haf bach Mihangel.

'Roedd hen gymeriadau difyr yn cyrchu i Dreddafydd, y mae'n amlwg. Byddai Daniel Evans—Wystog ar ôl hynny—a Thomas Thomas, Trefdraeth, yn arfer eu doniau yn y capel bychan pan oeddynt yn cychwyn yr yrfa fel pregethwyr ar brawf. Bu'r ddau yno un Sul, ac ar ddiwedd y dydd fe ddaeth yr hen ŵr a wasanaethai yno fel trysorydd atynt a'u cyfarch fel hyn : "Daniel, dyma swllt iti am ddŵad yma aton-ni ; a dyma swllt i tithe, Tomos, am beidio â dŵad yma 'to."

Fel tŷ Saul âi'r achos yn Nhreddafydd yn wannach, wannach gyda threigl y blynyddoedd. O'r diwedd bu'n rhaid rhoi i fyny a chau'r drws. Nid oes neb yn sicr iawn bellach pa bryd y daeth yr achos i ben. Tua diwedd y ganrif ddiwethaf, y mae'n debyg, neu ddechrau'r ganrif hon. Nid erys erbyn heddiw namyn traddodiadau am gapel Treddafydd, a hen furddyn sy'n prysur ddadfeilio.

Rai blynyddoedd yn ôl cefais air oddi wrth Mr. G. Osmond James, Shortlands, swydd Caint. "Yr oedd fy mam," meddai, "yn ferch ieuangaf Mr. George, Mynydd Melyn, a soniodd lawer i mi am y capel bach ar waelod tir y fferm. Dywedodd fod y teulu'n cadw'r capel i fynd, oherwydd yr oedd yno ddeg o blant ; ac i'r achos gau ar ôl i'm tad-cu a'm mam-gu farw. Nis gwn yn iawn pa flwyddyn y bu hyn, ond tybiaf mai tua 1900 ydoedd, oherwydd iddi adael y fferm a mynd i fyw i'r Dinas ar ôl iddi golli ei rhieni. Clywais gan fy mam atgofion amdani hi a'i dwy chwaer yn mynd i lawr ar fore Sadwrn i lanhau'r capel bach erbyn y Sul, ac am y cerrig gwynion y tu allan i'r adeilad." Trigai tad Mr. James yn Llanbedr Pont Steffan pan ysgrifennai ataf, a chefais ar ddeall gan y Parch. J. Trefor Lloyd fod y Llyfr Emynau a fu gynt ar astell y pulpud yn Nhreddafydd ym meddiant y tad.

Aethom tua thre o'r Mynydd Melyn ar hyd yr hewl

serth i Gwm Gwaun, ac yna'n ôl i Drefdraeth ar hyd yr hewl gul. Amheuthun mawr, y noson honno, oedd cael swper blasus o'r bwyd y barcud a gafwyd ar y Mynydd Melyn. Mae'r hen ddihareb yn eitha gwir—"Mae *rhyw-beth* i gi a gerddo".

Cardigan & Tivyside Advertiser, 25 Chwef. 1966 ;
Y Drysorfa, Chwef. 1962.

TŶ-CWRDD TREDDAFYDD

(A ganwyd ar ôl ymweliad â'r hen adfeilion)

Draw ar fin y Mynydd Melyn
   Y mae murddyn gwael, di-lun ;
Tyfu'n dawel y mae'r drysni
   Dros ei feini, un ac un.
Haul a glaw yr hafau araf,
   Rhew y gaeaf, storm a'i hwrdd,
A'r tymhorau wrth fynd heibio
   Sy'n malurio'r hen Dŷ-cwrdd.

Ple mae'r hen dduwiolion bellach,
   A'r gyfeillach gynnes gynt ?
Oni chlywch chi eu hemynau
   A'u gweddïau lond y gwynt ?
Ple mae'r gweinidogion rheini
   A fu'n gweini wrth y Bwrdd,
Ac wrth ganmol cariad Iesu
   Yn cynhesu'r hen Dŷ-cwrdd ?

Ple mae'r hen flaenoriaid heno
   A fu'n rhodio'r llwybyr cul ?
Hwythau'r hen athrawon dyfal
   A fu'n cynnal Ysgol Sul ?
Ple mae'r plant—y giwed wisgi—
   Wrth eu gwersi'n fawr eu twrdd ?
Y mae'n dawel yn y seddau
   A chynteddau'r hen Dŷ-cwrdd.

Nid oes neb yn arddel crefydd,
 Yn Nhreddafydd yma'n awr,—
Neb mewn ias yn gorfoleddu,
 Neb yn porthi o'r côr mawr ;
Nid oes yma salm na moliant,—
 Y gogoniant aeth i ffwrdd
O'r hen demel gysegredig—
 Carn o gerrig yw'r Tŷ-cwrdd.

Cardigan & Tivyside Advertiser, 22 Ion. 1965 ;
Y Goleuad, 3 Chwef. 1965.

Y MAE teulu—neu lwyth—anrhydeddus iawn yn arddel y cyfenw 'Jôb' yn Sir Gâr, yn ardal Cwm Gwendraeth. Dywed y rhai a'i adnabu na bu mwynach gŵr erioed mewn pulpud yng Nghymru na'r Dr. Thomas Jôb o Gynwyl Elfed. Nai iddo oedd y gŵr sydd â'i enw uwchben yr ysgrif hon, a brawd iddo yw'r Parchedig John Thomas Jôb, Abergwaun, yr emynydd a'r bardd hyglod.

Daethai John Jôb, y tad, i Landybïe o Gwm Gwendraeth ynglŷn â'r odynau calch wrth droed Craig y Dinas ar bwys y pentre. Priododd â Mary, merch William Harries o'r Tŷ Isaf, blaenor parchus gyda'r Methodistiaid yn Llandybïe ; ac yn fuan iawn ymsefydlodd ef a'i briod yn eglwys fechan yr Hen Gorff yn y pentre. Codwyd ef yn flaenor yno, ac ef a dalai'r pregethwyr ar ddiwedd yr oedfa. Dywed y Parch. James Morris, Llanstephan, iddo ef bregethu ar brawf yn Llandybie ar ryw Sul yn 1874, yng nghwmni'r Parch. Thomas Phillips, Siloh. Daeth John Jôb ato ar ddiwedd yr oedfa, a rhoes hanner coron o gil-dwrn iddo gan ddweud, "Cymerwch hanner coron—'dym ni yma ddim yn arfer rhoi dim byd i grotsach fel chi sy'n dod yma ar brawf, ond fe bregethsoch yn nêt. Gobitho y cewch chi gyhoeddiad gan bobol yr Hendre—nhw sydd â llyfr y bywyd." Cymeriad cryf oedd John Jôb, â chymaint—onid mwy—o arabedd gwreiddiol ynddo na'i frawd enwocach o Gynwyl.

Ond â'r mab y mae â fynno'r ysgrif hon. Codwyd yntau hefyd yn flaenor, a llanwodd y swydd hyd ei farw. Bu'n ysgrifennydd yr Eglwys hefyd am gyfnod maith. Ef oedd prif glerc a *cashier* glofa Cae'r-bryn am yr un cyfnod maith, a bu hynny'n gaffaeliad nid bychan i'r Eglwys, oblegid os oedd angen paratoi taflen i hysbysebu

cwrdd adrodd neu gwrdd cystadlu, yr oedd holl amryw-
iaeth poteli inc offis y lofa at wasanaeth yr Eglwys.
'Roedd posteri Jôb mor enwog yn Llandybïe â siaced
amryliw Joseff. Ei gynllun oedd ysgrifennu'r prif lyth-
rennau ag inc coch neu las, a chylchoedd o ddotiau gwyrdd
neu biws o'u cwmpas. Gwnâi ddefnydd helaeth o linellau
trebl, neu gris-cros, nes bod yr effaith ar y llygaid yn
ardderchog iawn. 'Roedd ei lawysgrif fel coporplât, ac
edmygai'r gweinidogion y *flourishes* ar amlenni ei lythyrau
atynt.

'Roedd yn hoff iawn o ganu. Ef, mi gredaf, oedd yn
codi canu yn y capel pan oedd yn ddyn ifanc. Cofiaf ef
ar adegau yn codi'r canu pan fyddai arweinydd y gân yn
absennol. Byddai'n rhoi ei law dde y tu-cefn i'w glust
wrth ganu, ac ymestynnai ar flaenau'i draed wrth gyrraedd
y nodau uchaf. 'Roedd hen frawd o flaenor byrbwyll a
doniol yn Llandybïe 'slawer dydd o'r enw Noah Thomas,
Pantyblodau. Un swrth ei ffordd ydoedd, ac oherwydd
rhyw gymaint o atal-dweud siaradai'n gyflym iawn.
Cofiaf fy mam yn dweud un tro i Noah ofyn i Jôb ifanc,
"Wyt ti'n gwybod pob mesur yn y llyfyr tone newydd
'ma ?"—'roedd Llyfr Tonau'r Cyfundeb newydd ei
gyhoeddi ar y pryd. " 'Rwy'n credu 'mod i," mynte
Mansel, yn ffyddiog. Rhoes yr hen frawd cyfrwys emyn
i'w ganu ar fesur tra anghyfarwydd. Gwnaeth Jôb ei
orau, ond ni allai neb ei ddilyn gan mor ddieithr oedd y
mesur a'r dôn. Aeth yn Gilboa arno cyn cyrraedd canol
y pennill cyntaf. Edrychai pawb ar ei gilydd, ond dyma
lais yr hen Noah yn torri ar y distawrwydd, "Dyna dy
ddala di, Mansel, ar dy gelwydd, dyna dy ddala di'n deg,
was". Dro arall rhyw ychydig oedd yn y seiat, a'r canu
o'r herwydd yn llesg iawn. Mynte Jôb, ar ddiwedd y
cwrdd, "Gwell inni ganu emyn bach ysgawn i gwpla'r

cwrdd." "Ie", mynte John Dafis y Warren, " 'chanwn ni mo'r *Hallelujah Chorus* heno !"

Buan iawn y deuai'r gynulleidfa i wybod am ei hoff donau. Oni châi un o'r rheini gan y pregethwr, byddai ef ei hun yn sicr o'i rhoi hi allan ar ddiwedd y cwrdd wrth gyhoeddi. A dyna ganu wedyn ! Os byddai darn go drawiadol i'r tenor neu'r bâs canai hwnnw â'i holl egni, er mai soprano a ganai ef fel rheol. Byddai yn ei morio hi, â'i law ar ei glust ac yn ymestyn ar flaenau'i draed. Clywyd ef yn canu felly yn y Sasiwn olaf iddo ei mynychu, yn Aberaeron.

Yn fy amser i, trigai ar bwys capel Bethany, yn Rhyd-aman, ac yno yr âi bob bore Sul. Ond cerddai i Lan-dybïe ar gyfer yr Ysgol Sul. Y cof cyntaf sydd gen i amdano yw fel athro ar ddosbarth yr ABC yn un o'r ddau gwtsh bychan ar bwys y drysau. Bu'n athro ar y plant lleiaf am gyfnod maith, ac ni freuddwydiai neb am ei symud i unrhyw ddosbarth arall. Ganddo ef y dysgais i'r wyddor Gymraeg, a'r *a b ab*, &c., ar ôl hynny. Câi'r plant losin ganddo ar ddiwedd y wers bob Sul, a'r Sul cyntaf bob blwyddyn caem ganddo bobo geiniog newydd ffres o'r bathdy.

Ceir llawer o straeon amdano yn ei ymwneud â'r plant. Yr adnod dan sylw un Sul oedd "Yr Iesu a wylodd". "Beth yw *wylo* ?" gofynnai Jôb. Neb yn ateb. "Wel," mynte'r athro drachefn, "Beth y mae pobol yn 'i wneud pan fydd rhywun yn marw yn y tŷ?" Y mae'n debyg i mi roi'r ateb gwreiddiol, "Tynnu'r bleinds lawr !" Dyw-edai wrthym un Sul mai ffordd gul oedd rhyngom a'r nefoedd, "ffordd debyg," meddai, "i Hewl fach y Swan"— lôn gul, serth a throellog yn y pentre. Ar ddiwedd yr ysgol gofynnwyd i'r plant sut oedd mynd i'r nefoedd. Y tro yma eto, yr un gŵr bychan doeth a roes yr ateb syfrdanol, "Lan trwy Hewl fach y Swan !"

Âi Jôb at Miss Thomas y Plas i de—ac i swper hefyd, o ran hynny, bob Sul. Bu carwriaeth rhyngddynt, mae nhw'n dweud, am tua deugain mlynedd ; ond ni ddaeth y garwriaeth honno i ben wrth yr allor ychwaith. 'Roedd Miss Margaret Jôb yn fyw, a chwarae teg—ni allai'i brawd gefnu arni a hithau'n hen ferch ! Rhyw garu dydd Sul, felly, fu rhwng Jôb a Miss Thomas—trefn broffidiol iawn, y mae'n rhaid cyfaddef, i'r carwr, gan iddo gael te a swper yn gyson ar y Suliau am flynyddoedd lawer ar gyfrif y garwriaeth. Ond efallai, wedi'r cwbl, mai hen ffrindiau oeddynt, ac nid cariadon, fel y credai holl ferched di-briod y pentre.

'Roedd Jôb yn gyhoeddwr heb ei ail. Pan deimlai fod y bregeth yn tynnu at ei therfyn byddai'n dechrau anes-mwytho, ac os byddai'r bregeth yn fain gollyngai ochenaid hyglyw ar ôl yr *Amen*. Byddai hefyd yn agor a chau y dyddiadur, mynd trwy'r papurau a gynhwysai'r cy-hoeddiadau, rhoi'r dyddiadur yn ôl yn ei boced wasgod a'i dynnu allan drachefn. Ceid perfformans felly bob nos Sul hyd nes deuai'r amser i gyhoeddi trefn y cyfarfodydd, &c., am yr wythnos ddilynol.

Carai Cwrdd Misol a Sasiwn yn angerddol. Gwyddai am gylchdro'r Sasiwn a'r Gymanfa megis y gŵyr seryddwr am gylchdroadau'r planedau ac ambell gomed. Nid gwiw fyddai gwadu'r un gosodiad o'r eiddo o berthynas i ddyddiad neu leoliad unrhyw Sasiwn bell yn ôl. Ym mhle'r oedd y Gymanfa y flwyddyn-a'r-flwyddyn? Pwy oedd y Llywydd yno ? Pwy draddododd y Ddarlith Davies ynddi ? Beth oedd testun y darlithydd ? Pwy oedd yn pregethu yno ? 'Roedd y ffeithiau i gyd ar flaenau'i fysedd. Llyfr coffadwriaeth llysoedd y Cyfundeb ydoedd, *encyclopaedia* yr enwad.

Y tro olaf y clywais ef yn gyhoeddus oedd mewn Cwrdd Misol yn Llandybïe ym Mis Bach 1933. Ef a roddai hanes

yr achos yn y lle, ac yn ei elfen gyda'r gwaith. Ymhlith
pethau eraill fe ddywedodd : "Mae pedwar gweinidog
wedi bod ar yr eglwys fach yma. Daeth y cyntaf atom
o Forgannwg, yr ail o sir Aberteifi. 'Rym ninne'n awr
am dalu'n ôl i'r siroedd hynny, ac 'r ydym *wedi* anfon
bachgen o'n plith i weinidogaethu i Forgannwg, ac un
arall i sir Aberteifi, ac os cawn ni amser fe godwn ni ddou
bregethwr arall atyn nhw fel bo'r cownt yn glir." Rhyw
sylwadau difyr fel yna oedd yn britho'i siarad cyhoeddus,
ac ymhyfrydai pawb ynddynt bob amser.

Y tro diwethaf y bûm i yn ei gwmni oedd ar y ffordd
adref o Sasiwn Aberaeron. Cawsom sgwrs hyfryd â'n
gilydd ar hyd y daith yn y bws, a chyn ymadael meddwn
wrtho, "Pam nad ewch chi ati i ysgrifennu tipyn o hanes
yr hen flaenoried yn Llandybïe ? 'Roeddech chi'n 'u
cofio nhw'n well na neb. Fe fyddwch yn marw un o'r
dyddie nesa 'ma, ac ar ôl ichi fynd ni fydd neb yn 'u
cofio nhw mwyach." "Wyt ti'n meddwl 'ny ?" atebodd
yntau yn bur gwta. A dyna'r olwg olaf, a'r gair olaf a fu
rhyngom. Bu farw'n sydyn iawn, a chafodd ef a Marged
ei chwaer eu claddu ym mynwent Bethany, Rhydaman,
a gosododd John eu brawd y cwpled a ganlyn ar garreg
eu beddrod :

> Iesu Grist a'i gysegr oedd
> Eu rhan dda, dirion ddeuoedd.

Y Goleuad, 24 Ionawr 1935.

MAGWYD llawer o bregethwyr gwreiddiol yng ngodre Ceredigion, ond nid oedd yr un ohonynt yn hynotach yn ei ddydd na'r Hybarch William Richards o Ben-parc. Cafodd ei ordeinio yn y flwyddyn 1800, a gwasanaethodd yr Eglwys Fedyddiedig ym Mhen-parc yn ddiwyd a ffyddlon am dros 37 o flynyddoedd, hyd ei farwolaeth yn 1838. Ni chafodd fawr o gynhaliaeth oddi wrth y saint, ond bu Rhagluniaeth yn dyner wrtho trwy roi iddo wraig serchog a rhinweddol, a thipyn bach o arian ganddi hefyd i'w gadw'n gysurus.

Yn ôl yr hanes yr oedd yn ddyn o dymherau serchog a chariadus iawn, ac o ddiniweidrwydd perffaith. 'Roedd ganddo ddoniau melys a deall da, ac yn ei hwyliau gorau fe bregethai'n rhagorol iawn. Eithr yn ôl rhai, ymddibynnai fwy ar ei ddiniweidrwydd a'i sêl dros Fedydd nag ar ei allu i bregethu, i gadw'i gynulleidfa gyda'i gilydd mewn heddwch. Un o'i aelodau ym Mhen-parc oedd Siôn Glanwennen ; ei ferch ef oedd Siarlot, mam yr enwog John Jones, Blaenannerch—un o hoelion wyth yr Hen Gorff. Bu Siarlot a Samuel Jones yn byw ym Melin Blaenpistyll, yn y Pennar Uchaf, ac yn y Cytir Bach, ac âi John Jones gyda'i fam yn nyddiau ei fachgendod i gapel Pen-parc.

Edmygai John Jones yr hen weinidog yn fawr iawn, ac er yn fore fe feddai'r ddawn i'w ddynwared. "Dyna hen bregethwr nobl oedd e, ŵr," arferai ddweud. "O ddyn annwyl ! ni wyddech chi faint o benne fasai yn 'i bregeth e weithie. Fe'i clywes e unwaith yn codi un-ar-bymtheg-ar-hugain o benne i'r un bregeth. 'Roeddwn i'n ffrind iawn iddo, ac yn hoff iawn o'i actio'n pregethu pan own i'n ifanc." Byddai'n ei ddynwared i'w fam, a hithau wrth

ei bodd yn gwrando arno'n mynd dros rai o bregethau'i
hen weinidog. Fel pob plentyn, byddai yn ei chyffroi hi
weithiau, a hithau'n mynd ar ei ôl â'r wialen fedw yn ei
llaw, ond cyn gynted ag y dechreuai John Jones lefaru
yn null William Richards, "Yr wy'n sylwi yn ail," neu,
" 'Rwy'n sylwi yn drydydd, 'mam", nag y byddai'r hen
Siarlot yn dofi, a'r cenau slei yn cael mynd yn rhydd o'i
gosb.

Darluniai William Richards yn bedyddio gyda hyfryd-
wch mawr. Rhywbeth tebyg i hyn fyddai'r perfformans.
Lediai emyn pwrpasol i'w ganu, megis

> 'D ofnaf wradwydd neb na'i stŵr
> Wrth ufuddhau i fedydd dŵr ;
> Mi wela'r Iesu draw o'm blâ'n
> Yng nghanol—ie, *yng nghanol* yr Iorddonen lân.

"Faint yw'ch oed chi, 'merch i ?"
"Dwy ar bymtheg, syr".
"Ie, ie, ufuddhau i'r Iesu yn ddwy ar bymtheg oed—
braint fawr iawn ! ' Nid ofnaf wradwydd neb na'i stŵr
wrth ufuddhau i'r bedydd dŵr '."

Y mae'n mynd i lawr i'r dŵr yn ara' bach, ac yn ym-
ddangos fel pe bai yn ei elfen ynddo, fel pysgodyn.
Ac yna mae'n dechrau areithio. "Chi wyddoch mai dyn
digon pwlog w' i, frodyr bach, yn amal. Ond wrth
fedyddio, 'ches i bwl erio'd—na, 'ches i'r un pwl erio'd.
Deio," (meddai'n ddidaro wrth frawd yn ymyl y dŵr),
"taro glotasen fach fan yna, i ddyor y dŵr i golli" (ac ar
yr un pryd â'i ddwylo yn y dŵr yn glanhau rhyw borfa
neu wellt oddi ar ei wyneb). "Naddo, frodyr bach, 'ches
i bwl erio'd, er 'y mod i'n awr yn bedyddio er ys . . .
Shemi, weli di mo'r dŵr yna ? agor fwlch bach fan yna
iddo ga'l rhedeg. Na, 'ches i bwl erio'd wrth fedyddio.
Ac mae hynny'n profi mai *bedydd* sydd i fod" (ac ar yr un

pryd yn parhau i glirio'i ffordd yn y dŵr ar gyfer gwein-
yddu'r ordinhad).

Digon brith oedd ei ddefaid, ym Mhen-parc, y mae lle
i ofni. Bu neithior yn y gymdogaeth un tro, a'r cwrw'n
llifo'n rhwydd yno. Drannoeth dyma un o ffyddloniaid
Pen-parc yn dod â'r newydd i'r gweinidog am ymddygiad
rhai o'r praidd, gan achwyn wrtho fod llawer o'i aelodau
wedi meddwi yn y neithior. Mynnai William Richards
gael y ffeithiau'n gywir.

"Wel, pwy oedden nhw ?"

"O, hwn-a-hwn . . ."

"Wel ! wel ! . . . hwn-a-hwn !"

"Ie, a hwn-a-hwn . . ."

"Wel ! Wel ! pwy fuse'n meddwl am hwn-a-hwn ?"

"Ie, a hwn-a-hwn . . ."

"Wel ! wel ! . . . ody hi ddim yn bryd iti stopo, frawd
bach ?"

"Ie, a Siôn Glanwennen . . ."

"Wel ! wel ! wel ! . . . os o'dd Siôn yn un ohonyn
nhw, wn i ddim yn y byd beth i'w wneud . . ."

'Roedd y troseddwyr yn rhy lluosog, a 'doedd dim iws
dechrau disgyblu, oblegid yr oedd gormod o ddefaid
wedi mynd ar ddisberod. Heblaw hynny, yr oedd ofn
Siôn Glanwennen yng nghalon William Richards, druan.

Fel y cyfeiriwyd eisoes, go ychydig a gâi William
Richards at ei gynhaliaeth, ryw wythbunt y flwyddyn,
mwy neu lai. Ond un noson, yn y gyfeillach, mynnai
gael codiad yn y gydnabyddiaeth hon, ond nid oedd dim
yn tycio, gwaetha'r modd.

"Wel ! wel ! frodyr bach," meddai o'r diwedd,
" 'does dim byd i'w wneud—rhaid madel, sownd. 'All
Nansi a finne fyth fyw fel hyn ar wythbunt y flwyddyn . . .
Rhaid madel, sownd ichi . . . Gyda *chi* y leicwn i fod

hefyd, frodyr bach—*chi* yw 'mhobol i. . . . Ond 'does dim
i neud, rhaid madel, sownd ichi . . ."

"Wel, fe godwn *wheigen* i chi 'te," meddai Siôn Glan-
wennen.

"O'r gore, 'te," atebodd yr hen frawd yn llawen,
"*wheigen* amdani, yn sownd".

Yn ôl David Jones, hanesydd y Bedyddwyr, *degpunt* y
flwyddyn oedd ei gyflog, ond am ei fod yn awyddus i
helaethu tŷ-cwrdd Pen-parc dychwelodd ei gydnabydd-
iaeth i'r Eglwys ym mlynyddoedd ola'i oes. A gadawodd,
yn ei ewyllys olaf, rai llyfrau diwinyddol go ddefnyddiol
at wasanaeth ei olynwyr yn y weinidogaeth ym Mhen-
parc.

'Roedd ganddo bregethau rhyfedd, yn enwedig mewn
angladdau. Ambell waith darllen pennod neu ddwy a
wnâi, yn lle pregethu, neu esbonio ychydig o adnodau am
ryw bum munud a dibennu fel yna. Cofiai John Jones
amdano'n gwasanaethu mewn angladd masiwn o'r
gymdogaeth, a chodi'n destun y geiriau hynny, "Gan fod
gennyf chwant i'm datod, a bod gyda Christ". Fe'i
mentrodd hi yn Saesneg.

"*Having a desire to depart* yw'r Saesneg yn y fan yma,
frodyr. Ie, ie, gyfeillion bach, *departo* yw hi yma. Do, do,
fe welwyd ein brawd lawer gwaith â'i ddwylo yn y morter
a'i ffedog wen o'i flâ'n, ond dim byth mwy—mae e wedi
departo ! Fe'i gwelwyd e lawer gwaith yn mynd a dŵad
gyda ni ym Mhen-parc, ond 'welwn ni mohono fe
mwyach, druan ; na, dim byth mwy—mae e wedi
departo ! O ie, *departo* yw hi yma—*having a desire to
depart*."

Yr oedd yn eiddigeddus bob amser o'i safle fel pregethwr,
ac os na châi ei le priodol mewn Cymanfa byddai'n
teimlo'r peth i'r byw. Nid oedd pethau wrth ei fodd un
waith ar ôl bod mewn Cymanfa yn Aberhonddu. "Fe'm

rhoison i i bregethu yno ar ôl rhyw hen Sais o Sgotland
neu rywle, ŵr," achwynai wrth rywun. "A Sais *o'dd*
e hefyd ! Nid yn unig fe laddodd y bobol cyn i fi ga'l
cyfle i wneud dim byd â nhw, ond fe'u claddodd nhw ar
ôl 'u lladd ! A'r gwaith cynta i fi o'dd treio 'ngore i'w
ca'l nhw'n *fyw*, a'u codi nhw i fyny o'u bedde cyn dechre
pregethu iddyn nhw."

Siaradai'n bur chwyrn am eglwysi crintach a saint
cybyddlyd. "Ddyn mawr ! " meddai, wrth gyfeirio at
eglwys arbennig, "a welsoch chi erio'd y fath ddegwm y
mae nhw yn 'i roi, ŵr ? 'Dŷn nhw ddim yn rhoi digon o
ddegwm ichi olchi'ch crys unwaith, am wn i, chweithach
rhoi modd ichi ga'l crys newydd ! Mae nhw'n rhyfedd
iawn, ŵr."

Daeth yr amser o'r diwedd i William Richards *ddeparto*,
chwedl yntau. Dymunodd gael mynd o'r byd hwn yn
ddigystudd, a chafodd ei ddymuniad gan ei Dad Nefol.
Aeth i'w wely un noson mor iach a chysurus ag arfer, a
phan gododd Nansi ei briod fore drannoeth fe ymddangosai
fel pe bai'n cysgu'n esmwyth. Ond pan aeth i'w ystafell
yn y man i'w alw i frecwast yr oedd wedi huno'i gwsg olaf,
heb arwydd o gwbl iddo gael yr un cystudd na phoen.
Claddwyd ef gan dyrfa barchus ym mynwent Pen-parc.
Heddwch i'w lwch, yr hen bregethwr difyr ac annwyl.
Ef, a phobl debyg iddo, oedd halen y ddaear ym mhob
cymdogaeth ar hyd a lled Cymru yn y dyddiau gynt, a
diolch i'r nef amdanynt.

Cardigan & Tivyside Advertiser, 15 Mawrth 1963.

YR oedd Siencyn yn byw ar ei ben ei hun, yn Llety
Siencyn, pan welais i e gynta erioed. 'Roedd ar y dôl ar y
pryd, a'i unig ddileit—ar wahân i ddarllen—oedd crwydro
ar hyd llethrau Mynydd Penrhys, a chi du mawr wrth ei
sodlau. Gŵr byrdew ydoedd, ac ysgwyddau llydain a
phen mawr crwn. 'Roedd cnwd trwchus o wallt melyn-
goch ar ei ben, a hwnnw'n dechrau britho. Gwaith anodd
fyddai'i gribo, gallwn feddwl, gan mor anosbarthus oedd
y blew crych. "Ma 'mhen i'n depyg i'r nefo'dd," arferai
ddweud, gan ychwanegu yn Saesneg, "there is no *parting*
there !" Ni bu het na chapan ar ei ben erioed, a hynny
am y rheswm syml na ddychmygasai'r gwneuthurwyr
hetiau erioed fod pennau o faint un Siencyn yn bod. Yr
oedd craith hagr ar ei dalcen. Fe'i cafodd pan oedd yn
lasgrwt yn y lofa. Wrth gerdded ma's o'r slent un dydd fe
afaelodd yng nghloren un o geffylau'r gwaith ; ond yn
hytrach na'i dynnu i fyny'r slent fe estynnodd y cel gic
iddo. Holltwyd ei dalcen gan y bedol ôl, a bu Siencyn
druan mewn enbydrwydd am ei einioes am rai dyddiau.
Taenwyd gwellt ar yr hewl o flaen ei gartref i dawelu swn
y traffig. Rhoes y meddyg blât arian yn ei ben, a bu
hynny'n gyfle i Siencyn ymffrostio'n ddiweddarach, "Os
nad o's arian yn 'y mhocad i, ma gen i dicyn ohono yn 'y
mhen !" Câi ben tost arswydus ar adegau trwy gydol ei
fywyd o ganlyniad i'r anap chwithig honno.

Siencyn oedd mab ieuengaf ei rieni. Perthynas iddo
oedd John Lewis, Margam, un o flaenoriaid galluocaf
Morgannwg ymhlith y Methodistiaid yn ei ddydd.
Gwraig hynod oedd Marged Lewis, ei fam. 'Roedd yn
un o gedyrn yr Ysgol Sul, ac yn bur flaenllaw pan fyddai
holi'r pwnc yn Jerusalem. Etifeddodd Siencyn yntau yr un

diddordeb oddi wrth ei fam. Priododd ei frodyr, Thomas a John (yr olaf yn dad-cu'r canwr poblogaidd, Ifor Emmanuel), a bu Siencyn a'i fam yn eitha cysurus yng nghwmni'i gilydd yn yr hen gartref. Mawr oedd gofal Marged dros ei mab. 'Roedd hi yn edmygydd mawr o'r Hen Gorff. Yn wir, 'doedd yr enwadau eraill ddim yn cyfri o gwbl yn ei golwg hi. Adeg cyrddau mawr Bethel y Bedyddwyr un tro yr oedd Siencyn yn anwydog, a chadwyd ef wrth y tân. "Fe allet ti ga'l niwmonia 'no," mynte Marged. Pwy alwodd heibio ar ôl cinio dydd Llun ond ei gymydog, Wil Beti. "Siencyn," mynte Wil, "ma hwn-a-hwn"—gan enwi un o hoelion wyth yr Hen Gorff—"yn pregethu yng Ngwarycaea,—wyt ti am ddŵad ?" Ac ebe Marged yn siriol, cyn i Siencyn gael amser i ddweud gair, "Ia, da machgan i, cer gyta Wiliam, iti ga'l ystwytho dicyn." Credai Marged yn sownd na allai niwmonia na'r un clefyd arall lechu rhwng muriau capel Methodist !

Fel *Dai*, yng nghân J. J. Williams, 'roedd Siencyn yntau yn "scolar lled dda, ac yn darllan shew." Amrywiai maes ei ddarllen—esboniadau ar y Maes Llafur, pamffledi politicaidd, a llyfrau ag iddynt dipyn o swmp, o naws athronyddol a chrefyddol. Daeth o dan ddylanwad athrawiaethau Annie Besant, a dechreuodd ymddiddori yn y crefyddau dwyreiniol. Honnai fod ganddo brofion yn ei fynwes o'i gyn-fodolaeth, a rhyw frith atgofion annelwig iddo droedio'r ddaear hon o'r blaen mewn rhyw ffurf neu'i gilydd. 'Roedd datganiadau felly yn syfrdanu ambell weinidog dieithr yn yr Ysgol Sul.

Y Sabath cynta imi wasanaethu yn Jerusalem, gwelwn Siencyn yn eistedd ar y llaw dde imi, ar y llofft. Sylwais arno pan oedd y gynulleidfa'n canu. Y mae'n rhaid cydnabod *nad* oedd e'n gerddor. Y *geiriau* oedd yn bwysig yn ei olwg, ac nid y dôn, ac edrychai i bob cyfeiriad pan

fyddai'r gynulleidfa'n canu. Ond yn sydyn, wrth ddod
at gymal yn un o emynau Pantycelyn, canai Siencyn â'i
holl egni, â'i lygaid ar gau. Pan godai'r pregethwr ei
destun, yr oedd yntau erbyn hyn yn fyw o ddiddordeb.
Pwysai 'mlaen, â'i ddau benelin ar ganllaw'r oriel. Gwran-
dawai'n astud, a'i wyneb yn fynegiad byw o'r diddordeb
a gymerai yn y gwirioneddau a draethid o'r pulpud. Ac
os câi flasusfwyd o'r math a garai, byddai'n craffu ar
eraill—William Hughes neu John Thomas—i weld beth
oedd effaith y genadwri arnyn nhw. Ie, gwrandawr heb ei
gyffelyb oedd Siencyn, ac yn ystod dyddiau'r wythnos
byddai'n cnoi'i gil, fel petai, ar gyfer y seiat nos Iau.

'Roedd yn hoff iawn o'r Ysgol Sul a'r Dosbarth Beib-
laidd. Ei ddull oedd sylwi sut oedd y gwynt yn chwythu,
ac wedi cael barn yr athro a phawb arall mynd yn groes
iddynt. Ac yna, tali-ho, yn frwd ac yn uchel ei gloch hyd
nes y canai'r arolygwr y gloch i ddod â'r Ysgol i ben.
Holais ef unwaith, " 'Doeddech chi ddim yn credu'r hyn
a ddwetsoch chi heddi, Siencyn?" myntwn i. "Y peth
mawr," atebodd Siencyn, "yw ca'l trafotath, a cha'l pwnc
i ddatla yn 'i gylch a"—â winc yn ei lygad. 'Roedd ei
gornelu mewn dadl mor anodd â dala llysywen dan
garreg. Glynai wrth ei safbwynt, ac ni fynnai gydnabod
o gwbl fod y frwydr wedi'i cholli.

Yng nghyfarfodydd yr wythnos ym mlynyddoedd
cyntaf fy ngweinidogaeth yn Jerusalem, eisteddai yn y sêt
gefn yn y festri fach, a chodai i ddweud ei brofiad yn awr
ac yn y man, a hynny yn ei ffordd ddihafal ei hun. Yr
oedd ganddo gof da, a chofiai sylwadau bachog y pre-
gethwyr a fu ym mhulpud Jerusalem ar hyd y blynydd-
oedd. Rhywbeth tebyg i hyn, er enghraifft: " 'Rwy'n
cofio Pitar Hughes Griffiths, Llundan, yn gwêd un tro,
mewn cwrdd mawr, 'Ymhle'r wyt ti'n catw Iesu Grist,
ai yn dy ben ai yn dy galon ? Os taw yn dy *ben* di y ma

fa, lwc-owt 'y machgan i, oblegid fe ddaw rhywun hibo iti rw ddydd â chanto well *pen* na thi, ac fe golli di dy Waretwr. Ond os taw yn dy galon di ma fa, ma fa'n sâff fan yno, ac fe'i cedwi di Fa hyd dragwyddoldab.' Oti, ffrindia, ma Iesu Grist yn sâff os yw A yn 'ch clonna chi." Â chyfryw ddywediadau y cadwai ni'n fyw yn y seiadau.

Yr oedd Dafydd Jones, un o'r hen flaenoriaid, yn anfodlon wrth ei weld yn codi mor ewn yn y seiat, a mynegodd yr hen frawd ei anfodlonrwydd un nos Iau, ar y palmant y tu fa's i'r festri. "Os nad wyt ti am fynd ar dy linia yn y Cwrdd Gweddi amball waith, paid ti â choti ar dy dra'd hed yn y Seiat !" Cymerodd Siencyn y cerydd yn dawel. Ond ar ôl ei godi'n flaenor fe ddaeth ymlaen, a mynych y gelwid ef "at waith"—ymadrodd y fro am gymryd rhan mewn gweddi. Os oedd Siencyn yn ddadleugar ac yn uchel ei gloch ar ei draed, yr oedd fel arall ar ei liniau,—yn ddwys ac yn ostyngedig, fel plentyn. Ei hoff bennill oedd—yn ei dafodiaith bersain ei hun :

> Y mae gwres y dydd mor danba'd,
> Grym fy nwyda fel y tân,
> A gwrthrycha *gwag* o'm cwmpas
> Am fy rhwystro i fynd ymlâ'n ;
> Rho imi gysgod,
> Addfwyn Iesu, ganol dydd.

Yr oedd yr un mor wresog o ran ei ysbryd y tu fa's i'r capel. Sosialydd oedd o ran argyhoeddiad, a'i arwr mawr am rai blynyddoedd oedd Ramsay Macdonald, a fu'n aelod dros Aberafan am gyfnod. Ar ôl cwymp y gwleidydd hwnnw, ei eilun politicaidd oedd Aneurin Bevan o Lynebwy. Byddai yn ei elfen yng nghyfarfodydd y glowyr, ac o'r diwedd darbwyllwyd arno i ymladd am sedd ar Gyngor Dosbarth Castell-nedd. Enillodd y dydd, ac am

dymor bu'n aelod o'r Cyngor Dosbarth. Ond blinodd
ar waith cynghorwr cyn bo hir, a chefnodd ar y swydd.

Ymhen ychydig flynyddoedd ar ôl imi ei 'nabod, fe
briododd Siencyn ag un o ferched y pentre—er syndod i
bawb ! Yna, cyn hir fe aeth ef a'i briod i gadw'r Tŷ
Capel. A dyna ddechrau pennod newydd yn ei hanes.
Mentraf ddweud na bu neb erioed yn hollol yr un fath
ag ef fel gŵr y Tŷ Capel. 'Roedd ganddo feddwl uchel
iawn o bregethwyr ei enwad, a byddai wrth ei fodd wrth
gymdeithasu â nhw o Sul i Sul, yn hen ac yn ifanc. Mynnai
ddal penrheswm â phob un ohonynt yn eu tro, ond
sgarmesoedd digon cyfeillgar a geid bob amser. "Bu
galed y bygylu" ym mharlwr y Tŷ Capel, ond y cyfan
mewn ysbryd brawdol, wrth gwrs.

Penllanw'r flwyddyn oedd y Cyrddau Blynyddol yn
nechrau mis Mai. Dau bregethwr, wrth gwrs, y naill o'r
Gogledd a'r llall o'r De fel rheol, a'r cyrddau'n para o nos
Sadwrn hyd nos Lun—*saith* o oedfeuon. Wrth gwrs, nid
oedd sôn am fynd i'r gwaith ar ddydd Llun y cyrddau
mawr. Cofiaf am un nos Sadwrn yn arbennig. Rhyw
bythefnos cyn hynny cafodd Siencyn anap ar ei law yn y
lofa, a châi *compensation,* yn ôl yr arfer, sef y "compo"—
ymadrodd y glowyr. 'Roedd y Parchedigion William
Morris ac Emyr Roberts yn wŷr gwadd yr ŵyl, ac un
ohonynt wedi pregethu yn yr oedfa gynta. Yr oedd tua
deg ohonom wrth y ford i swper, yn flaenoriaid a gweini-
dogion, Gofynnwyd bendith gan un o'r brodyr yn
ddefosiynol, a mynte Siencyn yng nghanol y distawrwydd
a ddilynai, "Wel, nawr ta, bois, bytwch bant—'do's neb
yn gwitho yn y tŷ 'ma ond un, a ma *hwnnw* ar y compo !"
Y mae'n siŵr gennyf nad anghofia'r ddau gennad o'r
Gogledd y swper afieithus hwnnw tra byddant fyw.

Do, fe gafodd Siencyn amser hapus yn y Tŷ Capel, a
daliodd ati'n gyson i ddilyn y moddion yn Jerusalem ar

hyd y blynyddoedd. Eisteddodd arholiad yr Ysgol Sul yn gyson o dymor i dymor, ac âi'n rheolaidd i Ysgol Haf yr Ysgol Sul a gynhelid yn Aberystwyth, gan wneud ffrindiau newydd yn flynyddol o bob parth o Gymru. Ni chollai oedfa ar y Sul, oddieithr pan fyddai'n llanw pulpud yn un o eglwysi'r cylch. Oblegid datblygodd yn bregethwr lleyg yn ei flynyddoedd olaf. Ni wn i sut bregethwr ydoedd, ond sicrhawyd fi gan lawer a'i clywodd na phregethai neb yn *hollol* yr un fath ag ef. 'Roedd rhai o nodweddion Siencyn Pen-hydd ynddo—gŵr o'r un ardal. Âi'n ffyddlon i'r Cwrdd Dosbarth ac i'r Cwrdd Misol, a bu'n llywydd ar y ddau lys yn eu tro. Clywais iddo roi Cyngor i'w ryfeddu i flaenoriaid newydd mewn un Cwrdd Misol.

Daeth yr amser i Siencyn fynd i ffordd yr holl ddaear. Dihoenodd yn araf, a sylwai pawb ei fod yn aeddfedu. Daeth y diwedd ar brynhawn Sul. Bu yn yr oedfa yn y bore, a chymerodd ei le fel arfer yn y prynhawn fel athro ar ddosbarth y chwiorydd. Agorodd y maes, ac eisteddodd i lawr gan adael i'r merched wyntyllu'r mater o dan sylw. Daeth y ddyrnod yn ddiarwybod iddo yn yr Ysgol Sul. Cariwyd ef tua thre, a bu farw Siencyn yn dawel a digyffro. Collodd yr ardal un o'i chymeriadau hynotaf, a chollais innau ffrind difyr a charedig. Yn y blynyddoedd sydd ohoni'n awr hyderaf y pery Morgannwg i godi dynion o'i fath ef i gyfoethogi bywyd yr hen gymoedd a gyfrannodd gymaint i fywyd crefyddol a chymdeithasol ein gwlad.

Y Genhinen, Gaeaf 1967-68.

WRTH ddychwelyd o angladd Amanwy (a fu farw yn 1953) daeth llu o atgofion i'm meddwl. Y cof cyntaf sydd gennyf ohono yw ei weld ar lwyfan eisteddfod fechan leol yn beirniadu, ond gwyddwn amdano cyn hynny fel bardd addawol aml ei gadeiriau. Gwyddwn hefyd am Jim, ei frawd—ef oedd un o arweinwyr y sosialwyr pybyr hynny a fu'n ymgynnull am dymor yn y Tŷ-gwyn, Rhydaman. Onid oeddwn, ar nos Wener y pae ar fanc glofa Pencae'r Eithin, wedi rhoi swllt—fel pob glöwr arall—i roi cymorth i Jim i fynd i'r Coleg? Ond yn yr Ysgol Nos yn Rhydaman y deuthum i adnabod Amanwy. Un o ddosbarthiadau allanol y Brifysgol oedd yr Ysgol Nos honno, a'r athro oedd y Parch. John Griffiths gweinidog Ebeneser (Coleg y Bedyddwyr, Caerdydd wedyn). O dan gyfaredd ein hathro medrus dysgodd llond ystafell ohonom gyfrinion y gynghanedd, a thywyswyd ni ar lwybrau dyrys gramadeg a chystrawen yr iaith Gymraeg. Cawsom olwg hefyd ar odidowgrwydd llên Cymru, a bu hynny'n agoriad llygad i un disgybl, o leiaf.

Byddai'r athro yn awr ac yn y man, yn rhoi gwaith cartref i ni ar gyfer yr wythnos wedyn. Un tro y dasg a gawsom oedd cyfansoddi pedair llinell ar fesur cywydd ar unrhyw destun. Cofiaf mai John Roberts, yr adroddwr o Lanaman, a gafodd y gymeradwyaeth fwyaf byddarol wrth ddarllen y cynhyrchion ar goedd yn y dosbarth. Bu John Roberts (meddai ef ei hun) yn pendroni uwchben y dasg ar ôl swper un noson ac yn methu'n deg â chael gafael mewn testun. 'Roedd tun samwn John West ar y ford—un gwag, wrth gwrs—a dyma daflu hwnnw allan i'r cefn wrth glirio'r ford. Ar hynny dyma'r cathod yn dechrau ymddiddori yn y tun gwag, "ac wrth wrando ar 'u cynhalath nhw," mynte John, "fe ges i ysbrydieth i ganu'r llinelle hyn—

> Y cathod sydd yn coethan,
> Eu ' mew-mew ' sy ymhob man,
> A'u dawn sydd yn diwn ddi-dor
> Yn rhegu am gael rhagor."

Fel yna y byddem yn dysgu'r cynganeddion yn nosbarth John Griffiths. Yn rhyfedd iawn, nid gan yr athro, ond gan ymwelydd y Brifysgol—y Parch. Herbert Morgan, o annwyl goffadwriaeth—y cefais i olwg gyntaf ar bryd-ferthwch y gynghanedd. Troes i mewn i'r dosbarth yn ddiarwybod un noson, a ninnau'n ymdrin â chynganeddion cywydd Goronwy Owen i'r Farn Fawr. Traethodd yr ymwelydd ar geinder y gynghanedd, a'r fantais a ddeuai inni o'i dysgu. "Dyma ichi gwpled pert," meddai :

> "Ai plisg y gneuen wisgi,
> Ai dellt aur yw dy wallt di ?"

Nid aeth y cwpled fyth o'm cof o'r dydd hwnnw hyd heddiw.

Yr oeddwn wedi dechrau llenydda ryw ychydig cyn imi ymaelodi yn y dosbarth Cymraeg, a dechrau cystadlu ym mân eisteddfodau'r fro. Ar ôl ennill gwobr yn un o'r rheini un noson, meddai'r beirniad—Amanwy—wrthyf, "Pam na ddewch chi i'r dosbarth Cymra'g yn Rhyd-aman ?" Addewais innau ddod i'r dosbarth nesaf. "Odych chi'n darllen rhywbeth Cymra'g ?" gofynnodd. Addefais innau fy mod yn prynu'r *Darian* a'r *Cymru* a'r *Geninen*. "Hwrwch," meddai, gan estyn cylchgrawn i'm llaw, "darllenwch hwn cyn nos Fawrth nesaf." *Y Llenor* ydoedd, rhifyn cyntaf y Gwanwyn 1922. Ynddo gwelais drosiad T. Gwynn Jones o'r *Gigfran* (Edgar Allan Poe), *Gwladys Rhys* W. J. Gruffydd, ac ysgrifau o'r eiddo T. H.

Parry-Williams, Saunders Lewis, Ifor Williams, Griffith
John Williams, ac eraill. Yn y rhifyn hwnnw o'r *Llenor*
hefyd 'roedd adolygiad Henry Lewis o'r *Caniedydd
Cynulleidfaol Newydd*, ac ysgrif W. J. Gruffydd ar *Theo-
memphus* Pantycelyn—bu gennyf ddiddordeb mewn
emynau, ac ym Mhantycelyn byth er hynny. Ni bûm yn
hir yn aelod o'r dosbarth Cymraeg cyn i'r ysfa lenyddol
a chystadleuol gydio ynof. 'Doedd hynny'n rhyfedd yn y
byd gan fod Gwilym Stephens—Gwilym Llwyn-du o
Filo, Mesach Jones, Ffair-fach, a phrydyddion eraill, yn
aelodau o'r dosbarth, a'r brenin yn ein plith ni, wrth gwrs,
oedd Amanwy. Ef oedd ein harwr, a pheryglus i neb y
dyddiau hynny oedd mentro cystadlu yn ei erbyn yn
eisteddfodau'r ardal.

Byddai Amanwy yn cael rhaglenni'r prif eisteddfodau
i gyd, a dangosai nhw i ni. Un noson dangosodd inni
raglen eisteddfod go fawr a gynhelid yn yr Hendy,
Pontarddulais, a Gwili yn beirniadu ynddi. Cynigid
cadair dderw a rhyw bum gini o wobr am bryddest.
"Rhowch *shot* amdani, bois," mynte Amanwy, "mi
edrycha i dros eich pryddeste chi cyn 'u hala nhw miwn."
Y cwestiwn cynta, wrth gwrs, oedd "Odych *chi*'n cynnig?"
Nag oedd, wrth gwrs ! Yr oedd am roi siawns i ni, y
cywion beirdd. Dyma fwrw ati ar unwaith, a chyfan-
soddodd un ohonom, o leiaf, bryddest orchestol ar y
testun, ac yn unol â'i addewid edrychodd Amanwy drosti,
gan awgrymu newid ambell linell, gwella ambell an-
soddair, a gadael ambell bennill allan. I mewn â hi ynteu,
yn ffyddiog, ond 'roedd pob ffydd wedi gwanhau cyn
dydd yr eisteddfod, am na ddaethai na llythyr na theligram
i law oddi wrth yr ysgrifennydd. Mynd lawr ar gefn beic
i'r Hendy ar ddydd yr eisteddfod, a chyrraedd yno mewn
pryd i weld Amanwy'n cael ei gadeirio mewn rhwysg !
Yng nghanol y miri a'r chwerthin mawr ar ôl hynny,

mynte Amanwy, "*Hen* bryddest o'dd hi, bois, ac fe'i hales hi miwn i ga'l barn Gwili arni". Nid wyf yn siŵr fy mod i ac un neu ddau arall yn hollol fodlon ar y fusnes ar y pryd, ond cafwyd llawer o sbri ar ôl hynny.

Yn ystod haf y flwyddyn 1923 cefais newydd imi ennill ysgoloriaeth Cymdeithas Addysg y Gweithwyr, gwerth £60, i'm galluogi i fynd i Goleg Fircroft, Bournville—sefydliad tebyg i Goleg Harlech a agorwyd ar ôl hynny yng Nghymru. Tom Hughes Griffiths o Gae'r-bryn (Caerfyrddin yn awr), cefnder Amanwy, a'm darbwyllodd i gynnig amdani. 'Roedd ef yn athro dan nawdd y Brifysgol yng Nghapel Hendre y blynyddoedd hynny, a minnau'n rhyw deimlo fel glöwr ifanc y byddai crap ar economeg yn beth dymunol. Ond 'roedd gan flaenoriaid yr eglwys fach yn Llandybïe feddwl arall. Anogwyd fi i fynd i mewn am y weinidogaeth. 'Roedd yn rhaid ymgynghori ag Amanwy ynghylch y peth. "Ewch ymlâ'n," oedd ei gyngor, "ac wedi ichi gwpla'r cwrs yn Lloeger ewch i Drefeca, ac fe wnawn ninne rywbeth i'ch helpu chi." Yr wythnos wedyn, y mae'n debyg, y daeth y syniad i ben Amanwy o gasglu deunydd cyfrol o gerddi o waith rhai o lowyr yr ardal a'i chyhoeddi er budd i mi. "Fe werthwn fil o gopïe'n rhwydd, fe gewch chi weld," mynte fe. Aeth ati ar unwaith, a chafodd gyfraniadau gan Gwyneufryn Davies o Gwm-coch, Gwilym Llwyn-du, Dafydd Manri o Ben-y-groes, a Jac Jones, Cross Hands. Dewisodd ychydig ganeuon o'i waith ei hun ac o'r eiddof finnau, a chyn bo hir fe ymddangosodd y gyfrol fechan *O Lwch y Lofa*, "Cyfrol o Ganu gan Chwech o Löwyr Sir Gâr." Ni wn i pwy a ddewisodd y teitl—Amanwy ei hun, hwyrach ; ef a'i golygodd hi a'i thywys drwy'r wasg. Gwerthwyd mil o gopïau am swllt yr un yn rhwydd, a chefais innau'r elw o ryw £35 gan fy

nghyfeillion uwchben cwpanaid o de ar brynhawn
Sadwrn yn y Gwestfa yn Rhydaman.

Cafodd y gyfrol fechan dderbyniad croesawgar iawn,
a *thrill* fawr i bob un ohonom oedd derbyn y llinellau a
ganlyn oddi wrth T. Gwynn Jones :

> Ni wn gelfyddyd torri glo na'i dynnu,
> A fferrai'r byd o annwyd, o'm rhan i ;
> Dysgasoch chwi gelfyddyd iaith, er hynny,
> Ni byddai'r byd heb lyfrau, o'ch rhan chwi ;
> Nid oes i mi ond darn celfyddyd hen
> Wrth ŵr a godo lo, a gadwo lên.

Cyhoeddwyd y llinellau ar ôl hynny ym *Manion* T. Gwynn
Jones, sef "Cyffes, i chwe bardd o lowyr a gyhoeddodd
lyfr prydyddiaeth."

Ie, cymwynaswr oedd Amanwy, ac nid anghofiaf
fyth ei gymwynas ef a'i gyfeillion i mi ym more oes.
Bellach y mae tri o awduron *O Lwch y Lofa* wedi marw,—
[pump erbyn hyn, "a mi fy hunan yn unig" a adawyd]. . . .
Yn ei ysgrifau coffa i'w hen gyfoedion, yng Ngholofn
Cymry'r Dyffryn yn y papur lleol, byddai Amanwy'n
tynnu i derfyn yn ddieithriad â'r cwpled hwnnw o'r
eiddo Gutyn Owain :

> Ei law a ddaw o'r ddaear
> I roi gwin i rai a gâr.

Y mae hynny'n wir amdano yntau hefyd. Huna, fy hen
gyfaill, ym mynwent Gellimanwydd hyd oni wawrio'r
bore a chilio o'r cysgodion.

Y Genhinen, Gwanwyn 1954.

Yr hyn a dynnodd fy sylw gyntaf at R. T. Jenkins oedd ei ysgrif ar "Theophilus Evans a'r Ymneilltuwyr" yn *Y Beirniad*, 1917, a fenthyciodd Amanwy i mi pan oeddwn yn grwt yn dechrau ymddiddori yn "y pethe". Yna, darllenais ei ysgrifau cynnar yn *Y Llenor*, a'r gyfrol wych *Hanes Cymru yn y Ddeunawfed Ganrif*. Fe barodd y gyfrol honno imi gymryd at y ddeunawfed ganrif yn fwy na'r un ganrif arall "o Adda hyd yn awr". Yn niwedd *Edrych yn Ôl* (tt. 262-3) rhoddir hanes genesis y gyfrol honno. Clywsai R. T. Jenkins lawer o sôn am y Diwygiad Methodistaidd a'i brif arweinwyr, a chafodd agoriad llygad wrth wrando ar y diweddar Ddr. M. H. Jones yn traddodi'i Ddarlith Davies yng Nghymanfa Gyffredinol Caerdydd yn 1922 ar Lythyrau Trefeca. Aeth ati wedyn i ddarllen cymaint ag y gallai o'r llyfrau cyhoeddedig ar y maes, holi'i gyfeillion, ac yna "tynnu darlun clir" o'r ddeunawfed ganrif gan amcanu rhoi "arweiniad yn hytrach na gwybodaeth".

Y mae ymchwil mawr y tu ôl i'r gyfrol a'i dilynodd, *Hanes Cymru yn y Bedwaredd Ganrif ar Bymtheg* (1933). Aeth R. T. Jenkins i'r cyfnodolion am lawer o'r defnyddiau ar ei chyfer. "Yn y pen-draw," meddai, "i hyn y mae'n dod—y bydd yn rhaid eu darllen bob un ohonynt, hyd yn oed y rhai mwyaf annisgwyliadwy." Gwaith yw hwnnw sy'n dreth ar amynedd a *llygaid* hanesydd, ond wynebodd R. T. Jenkins ar y dasg, a hynny a rydd werth i'w gyfrol. Ni allaf gytuno â barn Mr. Saunders Lewis nad yw'r gyfrol gyntaf yn gystal â'r ail. Teimlaf am y gyntaf mai gwaith artist ydyw, cyfanwaith celfyddydol ; ond y mae'r ail yn gynnyrch ymchwil a chwilota. Nid yw

hynny'n tynnu oddi wrth ei gwerth, wrth gwrs ; arall yw
gogoniant yr artist, ac arall yw gogoniant y chwilotwr.

Yn ei ysgrif ddiddorol, "Moreia (M.C.) Trefernard",
ceir disgrifiad byw o "Mr. Edwards y gweinidog—dyn od
iawn." Yr oedd gan y brawd athrylithgar hwnnw ei
ffordd a'i arddull ei hun o ledio emyn a phregethu, ac o
wrando arno'n gyson daeth R. T. Jenkins i'r casgliad
"mai'r unig ffordd iawn i roi emyn allan" oedd ffordd
ddioglyd Mr. Edwards. Felly y teimlwn innau hefyd
wrth fynych ddarllen ysgrifau R. T. Jenkins yn y cyf-
nodolion. Syniwn mai'r unig arddull gwerth ei hedmygu
oedd ei arddull arbennig ef. Arddull ag iddi lawer herc a
cham a naid. Gair neu ymadrodd rhwng cromfachau yn
awr ac yn y man ; mynych italeiddio (gormod o lawer,
yn ôl rhai beirniaid) i bwysleisio ac *acennu*'r ystyr yn
briodol ; rhedeg ar ôl ambell sgwarnog (a'i dal hi hefyd) ;
holi'n bryfoclyd ; taro ambell ergyd slei ; ac arwyddo
syndod neu syfrdandod trwy gyfrwng yr arwyddion
teipograffyddol arferol. Arddull ar ei phen ei hun, wrth
gwrs, a gallech ei hadnabod hi pe na bai ei enw wrth yr
ysgrif. Ac arddull a ddenai pobl i ddarllen ac i ymhyfrydu
yn y pethau oedd yn werthfawr yn ei olwg ef.

Gyda llaw, enw priodol "Mr. Edwards, Trefernard"
oedd y Parchedig James Evans, a symudodd o Aberhonddu
i Birmingham, awdur y gyfrol *Moeseg* (1930) yng Nghyf-
res y Brifysgol a'r Werin. Pan oeddwn i yn tario dros dro
ar gyfyl dinas Birmingham yn 1923-24 mi fûm innau
hefyd yn mwynhau'r Suliau dan weinidogaeth "Mr.
Edwards", ac ymhen blynyddoedd ar ôl hynny tynnwn
goes R. T. Jenkins trwy awgrymu iddo mai dylanwad
James Evans arnom a'n gwnaeth ni'n Fethodistiaid mor
bybyr !

Rai blynyddoedd yn ôl cefais gwmni R. T. Jenkins a'i
briod yn ystod ymweliad Cymdeithas Hynafiaethol

Cymru â Sir Gâr. Mynd yn ufudd gyda'r cwmni o wŷr a merched dysgedig ar y teithiau dyddiol, i'r Ogofau yng Nghaeo, i Ddinefwr, ac i fannau hanesyddol eraill. Trefnwyd imi draddodi anerchiad byr, wrth ymweld ag eglwys Llandyfaelog, ar gysylltiad Peter Williams â'r eglwys a'r ardal. Ar ddiwedd yr anerchiad cwynai ficer y plwyf nad oeddwn wedi dweud dim byd am David Daniel Davies, y meddyg brenhinol—gŵr o'r ardal. Prif hawl y gŵr hwnnw i enwogrwydd oedd taw ef a weinyddai ar y frenhines pan esgorodd hi ar y Dywysoges Victoria. Fe'm beirniadwyd yn llym gan y ficer am imi anwybyddu gŵr mor bwysig, eithr ni nododd ychwaith sut y gallwn i wneud hynny wrth draethu ar Peter Williams. 'Roedd R.T. yn ei afiaith ar ôl dod allan, ac nid oedd ball ar dynnu coes wedi inni ddychwelyd i'r bws. "Gomer bach," meddai, ar ôl pwl o chwerthin, "beth yw cynhyrchu *miloedd* o Feiblau i'r Cymry o'i gymharu â'r orchest o ddod â *Victoria* i'r byd !" Am flynyddoedd ar ôl hynny, pan ddeuem ar draws ein gilydd, ei gwestiwn fyddai, "Ydech chi wedi gorffen eich ymchwil i fywyd a gwaith y doctor hwnnw o Landyfaelog ?" Cefais innau fy nial, pan gyhoeddwyd *Y Bywgraffiadur Cymreig*, wrth ddannod iddo na chefais wahoddiad ganddo i baratoi nodyn ar David Daniel Davies. Mwy na hynny, ni chafodd neb arall wahoddiad chwaith !

Dyna'r tro doniol hwnnw, wedyn, pan oedd yn eistedd gyda mi ac eraill ar Bwyllgor Cymdeithas Hanes y Methodistiaid. Yr oedd rhywun wedi anfon rhodd go ryfedd i'r Greirfa sydd gan y Gymdeithas Hanes yn y Llyfrgell Genedlaethol, ac edrychem yn syn ar y ' gwrthrych ' a ddaeth allan o flwch bychan. 'Roedd R.T. wedi ei gorddi drwyddo gan ochr ddigrif y sefyllfa, ac ymhen rhai blynyddoedd ar ôl hynny fe'm hatgofodd o'r diggwyddiad yn un o'i lythyrau ataf. "A ydych yn cofio",

gofynnai, "yr achlysur ddigri pan geisiodd [y diweddar
Barch. Tom Beynon] gennym dderbyn i'r Greirfa y
' garreg ' honno a roes gymaint o boen i Thomas Jones o
Ddinbych gynt ? Erys yr atgof o ' Hm-m-m ' hirfaith
[John] Thickens yn y gadair—a gadael i'r garreg hanes-
yddol honno ' ar y bwrdd ' megis."

Bu golygu'r *Bywgraffiadur Cymreig* yn bleser mawr
iddo, er i'r gwaith droi'n gryn dreth ar ei amynedd ar
adegau. "Y mae cywiro'r *Bywgraffiadur* bron â mynd yn
ormod treth arnaf ! " Felly yr ysgrifennai ataf un tro. A
thro arall : "Ofnaf fod ymfoddi yn y *Bywgraffiadur* am
faith flynyddoedd wedi fy mwrw oddi ar f'echel mor bell
ag y mae chwilota am Fethodistiaeth yn mynd". Achwynai
fod ei lawysgrifen yn mynd yn aflêr, ac ychwanegai :
"*Memo*—testun da i ysgrif fyddai ' Drwg effaith y *Biro*
ar lawysgrifen llenorion Cymraeg '."

Câi ei flino ar adegau gan rai o'r cyfranwyr i'r *Byw-
graffiadur*. "Chwi synnech", meddai yn un o'i lythyrau,
"gymaint y bu'n rhaid imi ailwampio ysgrifau gwŷr
gwir glodfawr". Byddai ambell un y tu hwnt i bob
rheswm, megis y "*Professor of Church History* bondi-
grybwyll" hwnnw. Ei bechod? "Yr wyf newydd *lwyr*
ailysgrifennu dwy ysgrif ar Fedyddwyr pwysig—*dim un*
dyddiad ynddynt, a dim llyfryddiaeth o gwbl". Gŵyr
pob golygydd am brofiadau tebyg.

Ar ôl cyhoeddi'r *Bywgraffiadur* mentrais awgrymu
iddo y dylasai hwn-a-hwn neu'r gŵr-a'r-gŵr fod i mewn.
Owen Dafydd, prydydd Cwmaman, er enghraifft.
"Mae'n debyg imi farnu," fe'm hatebodd, "nad yw un
gân yn rhoi hawl i anfarwoldeb, ond erbyn hyn 'rwy'n
barod i addef fod ' Cân am Dduwdod Crist ' yn gystal
passport â ' Chân y Mochyn Du ', serch, yn wir, fod
honno'n enwocach." Nid oedd R.T. uwchlaw beirn-
iadaeth, megis rhai, a chroesawai unrhyw welliannau a

gynhigid iddo. "Y mae ambell gyfaill, mi wn", meddai,
"yn ymatal rhag cynnig gwelliannau imi, dan gredu'n
syml y cymerwn hynny fel beirniadaeth—ar y llaw arall,
dacw Bob Owen yn troedio'r wlad gan ebychu fod
' *cannoedd* o wallau yn y llyfr ' (gyda llaw, symudais rai
dwsinau ohonynt o'i ysgrifau ef cyn eu hargraffu) !
Ond un o'm hychydig rinweddau i yw gwybod nad wyf
fi yn hollwybodol, a dygymod â chael fy nghywiro."

Er pan fu farw fe ddarllenais unwaith eto bron y cwbl
o'i weithiau cyhoeddedig, a hynny gyda blas mawr. Y
mae ei wybodaeth eang, ei allu rhyfeddol i gymathu pob
math o ffeithiau, ei ddycnwch mawr wrth ddilyn y
trywydd i'r pen-draw, ei arddull fywiog a ffres, yn ei
osod ar ei ben ei hun ymhlith ein haneswyr. At hyn oll i
gyd y mae ei ddynoliaeth braf yn rhedeg fel llinyn arian
trwy'i holl sgrifeniadau. Teimlir bob amser fod aeddfed-
rwydd ei bersonoliaeth yn lliwio'i ddeallusrwydd, ac yn
gwneud pob ymdriniaeth o'r eiddo yn bleser i galon ac
ysbryd y darllenydd. Un o freintiau mawr fy mywyd
oedd cael fy nghyfrif yn gyfaill iddo.

Taliesin, Gorffennaf 1970.

FELLY yr adnabyddid D. J. Williams, Abergwaun, ym mro'i febyd, ac ni buasai dim byd yn well gan yr hen gyfaill na chael marw—fel y gwnaeth—yn ei henfro. A chael marw hefyd ar nos Sul yn y cysegr bychan lle y'i magwyd yn grwt.

Clywais gyntaf am D. J. Williams, Rhydcymerau, tua diwedd y flwyddyn 1918. Yr oeddwn yn dechrau derbyn y *Cymru Coch* y pryd hynny, a gweld stori o'i waith yn rhifyn Rhagfyr a wneuthum. Fe'm hysbyswyd gan John John, y llyfrwerthwr (a oedd yn flaenor yng nghapel Nantlais yn Rhydaman) fod awdur y stori ddifyr "Cadw'r Mis" [a gyhoeddwyd wedyn yn *Y Gaseg Ddu a Gweithiau Eraill*, 1970] wedi bod yn löwr yn y Betws, ac iddo ddechrau pregethu gyda'r Methodistiaid rai blynyddoedd yn ôl. "Ond 'dwy ddim yn meddwl 'i fod e'n pregethu'n awr," meddai. Yn ddiweddarach clywais o enau gŵr ifanc o'r ardal a fu'n gydefrydydd ag ef yn Aberystwyth fod D. J. Williams yn Sosialydd penboeth.

Felly, enw'n unig oedd ef i mi hyd onid euthum i bregethu am Sul i gapel Pentowr, Abergwaun, yn y flwyddyn 1928. 'Roedd y Parch. J. T. Jôb, gweinidog Pentowr, wedi ei fagu yn yr un eglwys â minnau, a chydag ef a Mrs. Jôb y lletywn dros y Sul. "Odych chi'n nabod D. J. Williams?" gofynnodd Jôb i mi ar swper nos Sadwrn. Addefais innau fy mod yn *gwybod* amdano, ond heb gwrdd ag ef erioed. "Mae eisie ichi gwrdd ag e", meddai Jôb—"fe fydd yn y cwrdd bore fory, ac 'rwy wedi'i wadd e yma i swper nos yfory". Cwrddais ag ef wedi'r Ysgol Sul (os da y cofiaf), ond y noson honno y deuthum i'w adnabod. 'Roedd ef a'i weinidog dawnus yn ffrindiau mawr, ac nid oedd dim byd yn well gan y ddau na chael bod gyda'i gilydd hyd oriau mân y bore yn adrodd straeon am hen gymeriadau cefn gwlad Sir Gâr.

Wedi hyn fe ymddangosodd yr ysgrifau am yr Hen Wynebau yn *Y Llenor*, ac anfonais air o werthfawrogiad ato, a'i gymell i gyhoeddi rhagor o'u bath a'u casglu at ei gilydd yn gyfrol. Dyma ddechrau gohebu â'n gilydd wedyn am hyn ac arall, ond yn bennaf am hen arloeswyr crefyddol ei henfro, ac emynwyr yr ardal. Onid oedd Wiliam Siôn, Llywele Mawr—y gŵr y canodd Pantycelyn farwnad i'w goffadwriaeth yn 1785—yn dad-cu i'w dad-cu? Ac oni chanodd Morgan Rhys o Lanfynydd farwnad o Esther Siôn o Lywele Mawr? Hoffai D.J. sôn am yr oedfa honno pan bregethai Howel Harris dan gysgod yr hen dderwen ar ben hewl Ffosgota ar bwys Abergorlech. Cludwyd bloedd o'r bregeth honno i fyny gyda'r awel i Gwm Gorlech a mynd â chenadwri i galon crwt ifanc o fugail a oedd wrth ei waith yno. "Byth oddi ar y ddiasbad honno," meddai'i or-orwyr, "y mae rhyw nâd, dduwiol, neu annuwiol fel y digwyddo, wedi bod yn dilyn y llinach".

Mawrhâi D.J. ei dreftadaeth ysbrydol yn fawr iawn. Y tu ôl i'w lenydda a'i wleidydda 'roedd y Ffydd a rodded un waith i'r saint. Yn ei weledigaeth o Gymru Rydd yr oedd Cristnogaeth iach yn elfen annatod ynddi. Canodd Ben Bowen ormod am Gymru ac am dragwyddoldeb, yn ôl un o feirniaid yr Eisteddfod Genedlaethol. Felly hefyd am D.J.—'roedd Cymru a thragwyddoldeb yn golygu mwy na phopeth arall iddo. 'Roedd yn ŵr o ysbrydol-rwydd dwfn iawn. Dyna'r argraff a adawodd arnaf fi lawer tro wedi imi symud i Sir Benfro yn 1958. Wrth wrando arno'n offrymu'i weddi ddwys teimlech ar un-waith taw plentyn ydoedd yn siarad â'i Dad Nefol.

Deuai'n weddol aml i'r Cwrdd Misol, a chymerai ran yn y trafodaethau—yn enwedig os byddai rhyw agwedd

ar achos Cymru dan sylw ! Clywais ef yn traddodi'r
Cyngor i flaenoriaid newydd yn Henaduriaeth Cilgerran
un waith, ac ar ddiwedd y cwrdd cyflwynodd gopi o lyfr
defosiynol Saesneg i'r blaenoriaid newydd, cyfrol (meddai
ef) a fu o werth mawr iddo yn ystod ei bererindod ys-
brydol.

Agorodd ei fynwes ynglŷn â'i brofiad ysbrydol yn yr
ail gyfrol o'i hunangofiant (t. 231 ymlaen). Bûm yn
pendroni lawer tro uwchben y ' drõedigaeth ' gyfrin a
ddisgrifir ganddo mor fyw. Y mae'n amlwg iddo gadw
rhywbeth yn ôl hefyd ; ni ddatgelodd mo'r cwbl. Bûm
ar fin ei holi 'mhellach unwaith neu ddwy, pan fyddai ef a
minnau ar ein pennau'n hunain, ond ofnais fynd yn rhy
ewn arno. 'Rwy'n teimlo'n flin erbyn hyn na fuaswn
wedi mentro mynd i mewn i dir cysegredig "profiad
pwysicaf a dyfnaf" (chwedl yntau) ei fywyd.

Dechreuodd bregethu gyda'r Hen Gorff pan oedd yn
efrydydd yn Aberystwyth, ryw ddeunaw mis cyn i'r
Rhyfel Byd Cyntaf ddechrau ffrwydro, ond rhoes i
fyny'r gorchwyl hwnnw ymhen amser am y rhesymau
a nodir ganddo yn ei hunangofiant. 'Roedd yn ddigon
balch hefyd, ar hyd ei oes, wrth weld ei enw ar ben
rhestr pregethwyr Cwrdd Misol Gogledd Myrddin. Sut
bregethwr oedd e ? Er holi llawer, ni chwrddais â neb
a fu'n eistedd o dan ei weinidogaeth. Daliodd ati i bre-
gethu, wrth gwrs, ar hyd ei oes, ond yn ei ffordd wreiddiol
ei hun.

Fe'i codwyd ef yn flaenor gan Eglwys Pentowr pan
oedd Jôb yn weinidog yno, ac nid oedd neb yn falchach
na'i weinidog pan ddyrchafwyd ef i'r barchus arswydus
swydd. Ond och ! pan ddaeth dydd y Cwrdd Misol, a'r
adeg i dderbyn y blaenoriaid newydd, teimlai D.J. na allai
gydsynio â llwyrymwrthodiad. Mynnai gadw'i ryddid
ynglŷn â'r mater hwn,—er nad oedd llymeitian yn

brofedigaeth yn y byd iddo. 'Roedd Jôb yn wyllt am ei gael i mewn i'r Sêt Fawr ym Mhentowr, a chrefai'n daer, "D.J. bach, gwedwch w', taw at les 'ch corff . . .", ac yn y blaen. Ond 'roedd D.J. fel yr adamant ac ni syflai ddim. Ymhen rhai blynyddoedd, a'r rheol wedi'i llacio bellach, fe'i codwyd ef yn flaenor drachefn, ac fe harddodd yntau'r swydd hyd y diwedd.

Byddwn yn gwasanaethu'n weddol aml ym Mhentowr pan oeddwn yn weinidog yn Sir Benfro, a gwrandawr dihafal oedd D.J. Cofiaf am dro go drwstan (o'm tu i) un bore Sul. 'Roedd gennyf bregeth y pryd hynny ar Epaphroditus, a chyfeiriad ynddi at fawrfrydigrwydd y dyn ifanc hwnnw yn ymweld â'r Apostol Paul pan oedd yn garcharor yn Rhufain. Dyfynnwn eiriau'r Arglwydd Iesu, "Bûm yng ngharchar a daethoch ataf" &c. Ac yna ychwanegais yn ddifeddwl, "Ni fu neb ohonoch *chi* erioed yn y jâl . . ." Cofiais yn sydyn fod D.J. yn eistedd yn union o 'mlaen i, a gwelais W. Morgan Jones, ei gyd-flaenor yn rhoi pwt yn ei ystlys, a'r ddau yn gwenu'n hyfryd wrth weld anesmwythyd y pregethwr !

Wedyn dyna'r Sul bythgofiadwy hwnnw pan oedd Siân ei briod dan ei chrwys. Cwpwl annwyl oedd Dafydd a Siân, fel y cyfarchent ei gilydd. 'Roedd hi'n ei ddeall ef i'r dim, ac yntau'n ei deall hithau'n o dda hefyd. Gwelswn yr hysbysiad am ei marwolaeth yn y papur fore dydd Sadwrn, ond oedais ysgrifennu ato gan fy mod â'm cyhoeddiad ym Mhentowr drannoeth. Cawn gyfle i'w weld ar ôl cinio a chydymdeimlo ag ef yn ei brofedigaeth. Bore'r Sulgwyn oedd hi, a phan oeddwn yn ledio'r emyn cyntaf, pwy gerddodd i mewn (yn ôl ei arfer) i'r sêt fawr ond D.J. Canu'r emynau, a gwrando'n astud ; ac ar ddiwedd yr oedfa pawb yn closio ato. Gelwais yn ei gartref i gael sgwrs ag ef yn y prynhawn. " 'Down i ddim yn disgwyl 'ch gweld chi yn yr oedfa y bore 'ma, D.J."

myntwn i. "Nac oeddech, debyg iawn," atebodd yntau,
"na neb arall chwaith, am wn i." Ac yna ychwanegodd :
"Gomer bach, be well fyddwn i o aros gartre heddi, fel
pelican ar fy mhen fy hun ? Mi wnes i 'ngore i Siân tra
oedd hi byw"—a gwir a ddywedai, ni châi neb arall
wneud dim drosti—"symoch chi'n meddwl 'i bod hi'n
fwy o fendith i mi fod ymhlith y saint heddi na bod yma
gyda'r corff—er mor annw'l o'dd hi ?"—a'r dagrau'n
treiglo dros ei ruddiau. 'Roedd yn y cwrdd drachefn yn
y nos ; onid ef oedd yn iawn o safbwynt tragwyddoldeb ?

Cenhadai'n gyson o dŷ i dŷ yn Sir Benfro—ar ran y
Blaid, wrth gwrs—a chodai gywilydd ar ddyn wrth sylwi
ar ei ddycnwch. Galwodd yn fy nghartref yn Llandudoch
un prynhawn o wanwyn â sypyn go drwm o bamffledi
o dan ei gesail. " 'Rwy am fynd o gwmpas y tai," meddai
"i gynnig y rhain iddyn nhw. Odych chi'n meddwl y ca
i groeso ?" Sicrhawn ef fod trigolion y pentre yn garedig
iawn. "O ie," meddai, cyn cychwyn, "a fyddech chi mor
garedig â mynd â fi yn 'ch car i gwrdd â'r bws ola heno i
Abergweun ?" Yr oedd tua phedwar ugain mlwydd oed
ar y pryd. "Wrth fynd ag ef i gwrdd â'r bws y noson
honno, 'roedd pecyn bychan o'r *Ddraig Goch* ar ôl, heb eu
gwerthu. "Cystal i chi ga'l y rhain," meddai wrthyf, cyn
dal y bws—"Fe ga i'r arian gyda chi yn y Cwrdd Mishol
nesa." Nid oedd dim i'w wneud ond mynd â nhw, wrth
gwrs, a'u rhoi nhw i hwn a'r llall a thalu amdanyn nhw i
D.J. yn y Cwrdd Misol yr wythnos ddilynol. Ni allai
neb ddweud na wrtho.

Fel yna y gwelais i D. J. Williams, Abergwaun, a
diolchaf i Dduw am gael ei adnabod a mwynhau ei gyfeill-
garwch ar hyd y blynyddoedd. Daeth y diwedd iddo'n
sydyn iawn. Ar nos Sul cyntaf y flwyddyn 1970 llywyddai
mewn cyngerdd yng nghapel Rhydcymerau, a drefnwyd
er budd Eisteddfod Genedlaethol Rhydaman. Ar ganol y

cyfarfod rhoes anerchiad o'r gadair, yn fyw a doniol a
diddorol. Caeodd ei lygaid a thystiai ei fod yn gweld yr
hen frodyr a'r chwiorydd yn eistedd yn y seddau o'i
flaen, gan eu henwi bob yn un ac un. Soniodd hefyd am
farw. Eisteddodd i lawr, a dechreuwyd mynd ymlaen ag
ail ran y rhaglen. Gwelwyd fod y llywydd mewn cyfyng-
dra, a bu farw'n dawel yn ei sedd yng ngwydd y dyrfa
syn.

Aed â'i gorff i'r Dalar Wen, cartref Mr. a Mrs. Gwynfor
Evans, ac oddi yno y codwyd yr angladd i'w hebrwng i'w
orffwysfa olaf. 'Roedd tyrfa fawr yn Rhydcymerau, mwy
nag y gallai'r capel ei ddal, a gwelwyd llawer o oreugwyr
y genedl yno yn talu'r gymwynas olaf iddo. Yr oedden
nhw yno hefyd, i gyd—Dafydd 'Refailfach, John Trôdrhiw,
Dafydd Ifans y Siop, Ben Ty'n Grug, John Thomas yr
Hafod Wen, Danni'r Crydd, Jones y Goetre Fawr, John
Jinkins y Cart and Horses, Pegi'r Lofft (yn smocio'i phib),
ie, a Nwncwl Jâms hefyd, Oedden, yn siŵr ichi, 'roedd
yr Hen Wynebau yno i gyd.

Y Goleuad, 28 Ionawr, 1970 ;
Y Ddraig Goch, Chwefror 1970.

FE'm cefais fy hun ar brynhawn Sadwrn ym Mhen-y-bont
ar Ogwr, un o brif drefi Bro Morgannwg, ac yng nghwmni
cyfaill fe'm tywyswyd i fynwent Eglwys Nolton i weld
beddrod Edward Matthews, y pregethwr enwog a
dreuliodd noswyl ei fywyd ym Mryn Eglwys gerllaw.
Saesneg yw'r arysgrif ar y maen, "Erected by his widow".
Cael golwg hefyd ar feddrod Catherine, gwraig y Parch.
Rees Price, Ty'n-ton, mam yr enwog Ddr. Richard
Price, yr athronydd ; bu Mrs. Price farw 4 Mehefin 1740
yn 42 mlwydd oed.

Yr oedd yn fy mryd y prynhawn hwnnw i fynd am dro
i Ewenni, nid yn unig oherwydd fy edmygedd o Edward
Matthews, ond i weld yr hen Briordy sydd wedi taflu ei
gysgod ar y fro brydferth hon ers llawer canrif. Ac yno
yr euthum yng ngherbyd ymdeithydd caredig a'm cododd
i fyny pan oeddwn yn aros am y bws.

Sefydliad caerog Normanaidd yw'r Priordy, yn am-
ddiffynfa gadarn filwrol yn ogystal ag yn seintwar ys-
brydol. Y mae'i dyrau a'i ragfuriau yn sefyll hyd heddiw
yn ddarlun o odidowgrwydd yr oesoedd a fu. Tŵr mawr
sgwâr yw nodwedd amlycaf yr adeilad eglwysig, ond y
mae'r olwg gyntaf a geir ar du-mewn yr Eglwys yn
siomedig. Cofiais ddarllen mai *rhan* yn unig o'r hen
eglwys a ddefnyddir yn awr fel eglwys blwyf. Cofiais
hefyd am y darlun ohoni o waith Turner a welir heddiw
yn yr Amgueddfa Genedlaethol. Addolai'r myneich yn
y côr, a'r plwyfolion cyffredin yng nghorff yr eglwys; fe
geir wal isel yno heddiw yn rhannu'r ddwy adran, ac
eglwys y plwyf yw corff yr adeilad hyd ein cyfnod ni.

Mynd trwy'r drws bychan isel sydd "yng nghanolfur

y gwahaniaeth", ac yno, yn y gwyll hanner-golau, teimlais
fy mod yn mynd i mewn i fyd arall—hen fyd sydd wedi
darfod ers canrifoedd. Yng nghanol y llwch, yn pwyso ar
y mur a'r llawr, y mae hen gerrig a chroesfeini hynafol a
rhwydwaith Celtaidd ar rai ohonynt. Yno y gwelais
feddrod Maurice de Londres (a fuasai farw tua 1149), a
beddfaen arall gerllaw yn gofyn i'r ymwelydd gofio a
gweddïo dros enaid "Dame Hawise de Londres", yr olaf
o'r teulu i gario enw a fu mor amlwg unwaith ym mywyd
cythryblus y parthau hyn. Y ferch hon a gerddodd yn
droednoeth dros ran o rostir y fro er mwyn ei gyflwyno a'i
ddiogelu i werin ei dydd,—oni elwir rhan o'r rhostir
hwnnw hyd heddiw "Y Ladi" ?

Gwelais hen feini yno hefyd yn coffáu Elinor, gwraig
Christopher Turberville o'r Sger, a fu farw yn 1643 ;
amryw aelodau o deulu enwog y Carniaid o'r Ewenni ;
ac Adam Nicholl, a fu farw yn 1615. Copïais yr arysgrif
ddiddorol a ganlyn oddi ar faen yn coffáu David William,
gof (y mae'n siŵr) o'r plwyf :

> My sledge and hammer lie decay'd,
> My bellows too have lost their wind ;
> My fire's extinct, my forge allay'd,
> My vice is in the dust confin'd ;
> My coal is spent, my iron's gone,
> My nails are drove, my work is done.

Yr unig Gymraeg a welais oedd yr englyn a ganlyn ar
feddrod yn y fynwent :

> Drwy enw a duwioldeb anian—ein chwaer
>   Wisgai'i choron eirian ;
>   Aeth ym mri ei Rhi, a'i rhan—a'i thrysawr
>   Acw i'r byd eurwawr mewn cerbyd arian.

Ar fy ffordd yn ôl gofynnais i ddwy wraig a safai o
flaen drws eu bwthyn a wydden nhw ym mhle'r oedd
trigfan Edward Matthews, y pregethwr mawr a fu'n
ysgwyd cynulleidfaoedd Cymru yn ei ddydd. Nid oedd
un ohonynt wedi clywed cymaint â sôn am ei enw. Dyna'r
gwir trist, a hynny o fewn canllath neu ddwy o'r Ewenni
Isaf.

"Did he live in the Vicarage ?" gofynnodd un ohonynt,
yn ddiniwed ddigon, "You'd better ask the vicar."
Euthum ymaith yn drist.   Dywed Crwys yn un o'i
ganeuon :

> Hawdd yw gweld mai'r gŵr o'r 'Wenni—
> Edward Matthews, biau'r fro.

Ond ar ôl yr ymweliad hwnnw â'r 'Wenni y mae'n
amheus gennyf am wirionedd y gosodiad bellach.   Ef
bioedd y Fro, 'slawer dydd, ond ni ŵyr un o bob mil o
drigolion presennol y Fro ddim am ei enw hyd yn oed,
ac mae'r dafodiaith bert a ddefnyddiai Matthews ymhob
cwr o Gymru i draethu am "fawrion weithredoedd
Duw" bron â diflannu heddiw.   Ni chlywir ei seiniau
bellach ond ar wefusau pobl ganol oed a'r hynafgwyr, a
phan ânt i ffordd yr holl ddaear fe â'r dafodiaith gyda
nhw, megis ag yr aeth yng Ngwent ac Ewyas.

Ond codais dipyn ar fy nghalon wrth droi i mewn i'r
Ewenni Isaf, a derbyn croeso rhadlon Mrs. Jenkins, a
gwahoddiad i weld a fynnwn o'r hen dŷ. Fel y byddid yn
disgwyl, teulu o Fethodistiaid Calfinaidd sydd yn byw
yma, ac addolant yn y capel bychan ym mhen uchaf y
pentre, lle'r addolai Matthews gynt. Lluniau "Cenhadon
Hedd" y Methodistiaid a welais ar y mur, ynghyd ag
ambell dystysgrif arholiadau'r Ysgol Sul yma a thraw.
Arweiniwyd fi i'r ystafell fechan y byddai'r gŵr mawr yn

ei defnyddio fel myfyrgell, sef ystafell isel yng nghefn y tŷ a'i ffenest yn wynebu'r hewl. Ai hon, tybed, a awgrymodd y teitl "Nyth y Dryw" ar y golofn ddifyr yn *Y Cylchgrawn*, lle gynt y cafwyd cymaint o flasusfwyd i'r darllenwyr ? Yn wir, yr oedd yn ddigon bychan a thwt a diddos i haeddu'r fath enw.

Ffarweliais â gwraig y tŷ yn sŵn un o hen emynau Cymru, "Mae cwmwl mawr o dystion", ac fe'm siarswyd i alw gyda'i gŵr, Mr. D. J. Jenkins, perchennog y crochendy sy'n cario enw Ewenni i bellteroedd byd. Cefais hyd i Mr. Jenkins yng nghanol ei lestri pridd yn ymddiddan â nifer o gwsmeriaid. Pan gefais gyfle dywedais wrtho am y tro hwnnw, mewn llety yn Torquay, pan ddywedodd gwraig y tŷ wrthyf fod ganddi lestr hynafol â rhyw arysgrif arno mewn iaith dramor. Deffrowyd fy chwilfrydedd ar unwaith, ac er syndod mawr imi beth oedd ganddi ond pot blodyn a'r geiriau Cymraeg "Blodau Melys" arno. "Un o waith fy nhad oedd hwnnw," mynte Mr. Jenkins, "fydda i fyth yn rhoi'r geiria yna ar bota bloda'n awr."

Gwelais hefyd ddarn o grochenwaith yn portreadu wyneb Edward Matthews, ond nid oedd hwnnw—ysywaeth—ar werth.

Ar un o silffoedd y crochendy gwelais gant neu ragor o gwpanau gleision—cwpanau coroni, yn dwyn yr arysgrif : "*Coronation, Edward VIII, May 12th, 1937*",—cofnod o beth na ddigwyddodd erioed ! Ymhen mil neu ddwy o flynyddoedd bydd rhyw gloddiwr neu'i gilydd yn dod o hyd i un o'r cwpanau hyn ac yn cyhoeddi monograff dysgedig arno mewn cylchgrawn hynafiaethol, ac yn profi y tu hwnt i bob amheuaeth mai *Edward*, nid *George*, a goronwyd yn Frenin yn Llundain yn 1937 !

Y mae Crochendy Ewenni wedi disgyn o dad i fab drwy

lawer cenhedlaeth, ac y mae ym mryd Mr. Jenkins yn awr i
gyhoeddi pamffledyn ar hanes y sefydliad.   Dywedaf
finnau wrth fy narllenwyr ar ddiwedd hyn o lith, Os
byth yr ewch chi am dro i Ewenni, trowch i mewn i
weld y crochenydd ; ac efallai y clywch chi stori am
Mr. Matthews na chlywsoch chi mohoni erioed o'r
blaen.

Western Mail, 20 Hydref 1937.

TRO I'R GELLI AUR

Ni bydd nemor haf yn mynd heibio na fyddaf yn mynd am dro i'r Gelli Aur. Y mae rhywbeth yn y fro hyfryd honno wedi ennill fy serch yn llwyr ; y mae hyd yn oed yr enw yn hudolus. Y ffordd y byddaf fi yn mynd yno yw gyda'r trên o Landybïe i stesion y Derwydd [sydd wedi ei chau ers blynyddoedd bellach], ac yna dros y bont a mynd heibio i Blas y Derwydd. Rhwng y Derwydd a Rhydyffynnon fe geir golygfa heb ei hafal o Gastell Carreg Cennen, a'i dyrau yn ymddyrchafu'n odidog i'r entrych oddi ar y graig galch gadarn sy'n sylfaen iddo.

Dyma ni ar y ffordd fawr, yn ymyl Coed Llether [sydd wedi eu cwympo bellach, ysywaeth, a'r ffordd yn cael ei hunioni gan y Cyngor Sir], mangre lle bu'r lladron penffordd yn ymguddio gynt ac yn gwylio'u cyfle i ymosod ar deithwyr diniwed, yn ôl a glywais. Ond yn hytrach na dilyn y briffordd, trown i fyny ar y chwith ar hyd llwybr tros y berth, a'i ddilyn trwy'r coed am ryw hanner milltir nes dod at y wal uchel sy'n amgylchu Parc Gelli Aur. Y mae pont bren a chanllawiau iddi wedi ei chodi dros y wal, ond y mae honno wedi malurio erbyn heddiw. Nid wyf yn meddwl fod y ffordd hon yn un gyfreithlon i'r Parc, ond fel yna y byddaf fi yn mynd bob amser, oddi eithr pan af ar gefn beic. Ar adeg felly, dilyn y briffordd ar hyd Coed Llether y byddaf, a throi ar y chwith i'r hewl breifat, Parc-lân, fel y'i gelwir. Ar y llaw dde, wrth fynd i mewn i'r Parc, gellir dod o hyd i adfeilion hen dŷ. Pwll-llaca yw ei enw ar lafar gwlad, ond am ryw reswm yr oedd iddo enw mwy bonheddig—Y Wennallt Isaf. Yno, yn y ganrif ddiwethaf, y trigai fy hen-dad-cu a'i briod, Thomas ac Ann Morgan. [Methais â tharo ar draws yr adfeilion yr haf o'r blaen, gan fod coedydd wedi eu plannu yno.]

I ddod yn ôl at y bont dros y wal, y mae llwybr hyfryd oddi yno i ganol y Parc, llwybr o dan y coed, a'r rhedyn cyfuwch â'ch pen o bobtu. Ar ôl cyrraedd y tir agored, gwell yw cyfeirio'r traed tua'r bwthyn a welir draw. Y mae ffynnon gerllaw iddo, a chysgod derwen. Eistedd yno, ac os bydd gennych gwmni, cyrchu i'r bwthyn am gwpan neu ddau, oblegid pobl garedig sy'n byw yno. [Y mae'r rheini wedi mynd i ffordd yr holl ddaear erbyn hyn, a'r bwthyn yn adfeilion.] Bydd yr ychydig luniaeth sydd yn ein pocedi yn amheuthun ar y llecyn tawel hwn, a gellir golchi'r ymborth i lawr â gwin oer y ffynnon loyw.

Ar ôl bwrw'n blinder, awn ymlaen ar hyd y llwybr nes dod i geunant dwfn a phompren drosto. [Ofnaf fod y bompren bellach wedi mallu.] Y mae'r cwningod yma'n deulu lluosog, ond rhown lonydd iddynt oblegid y mae ganddynt eu gelynion priod heb i ni ymhel â nhw. [' Roedd hyn, wrth gwrs, cyn bod sôn am y *myxomatosis* enbyd.] Heblaw hynny, fe all fod llygaid y ciper arnom o'r tu ôl i'r llwyn oco.

Odid na chwyd bwch danas o ganol y rhedyn fan draw wrth y dŵr. Dyma un yn codi gyda'r gair, ac yn llamu'n osgeiddig nes iddo ddiflannu o'r golwg, a hynny ar drawiad llygad. Y mae nifer o'r creaduriaid deniadol hyn yn y Parc, ond am eu bod mor swil ac ofnus nid yn aml y'u gwelir. Cefais brofiad od yma un tro. 'Roeddwn yn sefyll gan bwyso ar ganllaw'r bompren ac yn sydyn tynnodd rhywbeth fy sylw,—dau lygad yn syllu arnaf gyda'r tristwch mwyaf lleddf, mi debygwn, a welswn mewn dau lygad erioed. Bwch danas oedd yno, wedi syrthio rywfodd i ffos gul ac wedi'i garcharu. A llygaid hwn oedd y llygaid mudion a erfyniai arnaf mor ymbilgar.

Gelwais ar fy nghydymaith, a rhyngom ein dau fe'i codwyd i fyny. Llamodd yntau ar ôl ei ryddhau a chael ei draed o dano, ac i bant ag ef fel y fellten. Nid anghofiaf fyth mo'r llygaid dwys yn crefu arnaf trwy'r rhedyn.

Dro arall, mi glywais dwrw mawr ar lan y nant ar waelod y ceunant. Beth oedd yno ond gwenci wedi ei ddal mewn trap. Ffyrnigai'n arswydus wrth imi nesáu ato, gan ddangos ei ddannedd a fflachio'i lygaid. Byddai'n amhosibl imi ei ryddhau heb niweidio fy hunan, ac felly bernais mai'r drugaredd orau ag ef fyddai ei ladd â'm ffon, a gwneuthum hynny gan deimlo'n drist iawn, oblegid loes i'm calon yw difa unrhyw anifail.

Yn hytrach na mynd ymlaen ar hyd y llwybr, dilynwn lwybr arall uwchben y ceunant. Y mae yma amrywiaeth o goedydd—un o ogoniannau Parc Gelli Aur. Mae yma adar hefyd, ac yn eu plith y sguthan. Ni wrandewais erioed ar gân y sguthan yn nhawelwch fforest o goed heb deimlo ias o arswyd yn cerdded trwy fy meingefn. Dysgwyd fi'n blentyn i ddehongli cân y sguthan—"*Cyrch du, du sy'n 'y nghwd i*". O leiaf, y mae'n swnio'n hynod debyg i hynny !

Yn ystod un o'm hymweliadau â'r Gelli Aur, trois i mewn dros wal isel i ' gysegr sancteiddiolaf' y Parc, lle mae rhodfeydd wedi eu llunio rhwng y coedydd preiffion a'r llwyni o bob math sydd yno. Yn y canol rywle ceir carn o gerrig mawrion, a deildy neu hafdy o waith celfydd o'i fewn. Ceir y cofnod a ganlyn y tu-mewn iddo :

> These grounds were commenced 1863, and finished 1867, by Mr. John Hill, Gardener to John Frederick Vaughan, Earl Cawdor.

'Roedd Thomas Morgan, fy hynafiad, yn arddwr yn y Gelli Aur, a thebyg ei fod yntau yn un o'r gweithwyr a luniodd y gerddi prydferth hyn yn 6oau'r ganrif ddiwethaf. Teimlwn, o'r herwydd, fod gen innau hawl i fwynhau eu tegwch.

Cilio'n ôl wedyn, dros y wal isel, ac ymlaen heibio i'r hen dderwen lydanfrig sydd ar bwys y brif fynedfa i'r Plas [sydd bellach yn Goleg Amaethyddol dan nawdd y Cyngor Sir], ac i'r briffordd wrth y pentre. Eglwys ac Ysgol, siop a ffermdy, y Ficerdy ac ychydig dai—dyna'r pentre yn ei grynswth. Rhaid troi i mewn i gael golwg ar Eglwys Llanfihangel Aberbythych—cans dyna enw hynafol y plwyf. Mynwent gron sydd yma, fel llawer o hen fynwentydd y wlad. Bu rhywun yn cymoni yma'n ddiweddar, ond trueni iddo wneuthur ffagal ar ben rhai o'r hen feddau. Yn y fynwent hon y gorwedd gweddillion rhai o'm hynafiaid, a gwelir beddrod tad-cu a mam-gu fy nhad dan y coed ryw ychydig lathenni islaw'r llwybr sy'n arwain o'r porth i'r eglwys. Ceir yr arysgrif a ganlyn ar y garreg :

> Er cof am Thomas Morgan, o'r Wennallt isaf, Plwyf Llandilo. Bu farw Chwefror 14, 1877, yn 88 Mlwydd oed. Hefyd Ann, ei wraig, a fu farw Chwefror 20, 1882, yn 89 oed.

Priododd Sarah, eu merch, â Daniel Roberts o Landybïe, a pheth digon naturiol oedd iddi roi ei chyfenw morwynol ar un o'i bechgyn, sef fy nhad. A'r enw hwnnw—Morgan—sy'n rhan o'm henw innau.

Yr unig beth a dynnodd fy sylw, o lên y cerrig beddau ym mynwent Llanfihangel, oedd yr englyn tlws hwn :

> Iôr a bïau roi bywyd,—ac anadl
>   Cu einioes, ac iechyd ;
> Hawl a fedd i alw o fyd
> Man y mynno mewn munud.

Athroniaeth syml y gwladwr, ac ni ellir gwella ar ei fynegiant.

Onid yw Bro Dywi yn hardd o'r fangre hon ? Gyferbyn
â ni y mae Bryn y Grongaer, y canodd John Dyer mor
felys amdano (on'd nid mor felys ychwaith yw trosiad
Gwilym Teilo o'r gân). Y mae Aberglasnau a Llangathen
yn y golwg. Rhyngom a'r Grongaer llifa Tywi'n esmwyth
a llyfn, ac ymddolenna'n ddioglyd ar ei thaith trwy'r fro.
Y mae tyrau Dinefwr yn y golwg, rhwng y coed, yng
nghyfeiriad Llandeilo, a cheir adfeilion Castell y Dryslwyn
islaw, ar fryncyn uwchben yr afon. Nid yw'n rhyfedd i
Jeremy Taylor dduwiol hoffi'r Gelli Aur ; yr oedd byw'n
dduwiol a marw'n dduwiol yn orchwyl hawdd iddo yng
nghanol holl geinder naturiol y fro. Ei hoffter ohoni a
barodd iddo roi'r teitl *Golden Grove* i'r ymarferiadau
defosiynol a gyhoeddodd yn y flwyddyn 1655.

Amman Valley Chronicle, 26 Rhag. 1935
(gydag ychwanegiadau).

YNG NGWLAD BRYCHAN

Hᴇɴ dre nobl yw Aberhonddu—"Trefernard" y Dr. R. T. Jenkins, a chanolfan Sir Frycheiniog. Y mae'r wlad o'i chwmpas yn Seisnig o ran iaith, er bod Cymry i'w cael hwnt ac yma, a chlywir llawer o Gymraeg ar strydoedd y dref. Y mae yno Gymdeithas Gymraeg lewyrchus, a chefais y fraint o'i hannerch y gaeaf o'r blaen. Gellir prynu unrhyw lyfr Cymraeg yn siop Mr. a Mrs. Odwyn Jones, ill dau'n frodorion o Langeitho [Mr. Jones, ys-ywaeth, wedi ein gadael er pan ysgrifennwyd hyn]. Ceir gwasanaeth Cymraeg unwaith y mis yn Eglwys Anni-bynnol y Plough (enw od ar gapel !), ond ym Methel y Methodistiaid Calfinaidd cewch oedfa Gymraeg bob bore Sul.

Gŵyr pob Methodist Wesleaidd am gysylltiadau Methodistaidd Aberhonddu. Dyma dref Thomas Coke, un o brif gynorthwywyr John Wesley yn ei ddydd, arolygwr yr Eglwys Fethodistaidd yn America. 'Roedd yn fab i Bartholomew Coke, apothecari o'r dref a mab i reithor Llanfyrnach yn ymyl. 'Roedd Howel Harris yn un o gwsmeriaid yr apothecari hwn, ac wrth fynd trwy ddogfennau Trefeca'n ddiweddar, diddorol oedd dod ar draws bil oddi wrtho i'r diwygiwr yn 1755 yn nodi "An opening Tincture" deuswllt, "A stomach Plaster", chwe cheiniog, "Two doses of Pils", swllt, "Camphorated Spirit of Wine", chwe cheiniog, a "9 Restaurative Powders" pedwar swllt. 'Roedd yn *hen* ddyled, fe ymddengys, ac nid oes gennym ond gobeithio i'r diwygiwr ei dileu hi rhagllaw.

Dyma dref John Hughes hefyd, pregethwr Wesleaidd, hynafiaethydd, a'r gŵr a anfonwyd yn genhadwr i Wynedd yn 1800 i weithio dan Owen Davies ynglŷn â

chenhadaeth Gymraeg y Wesleaid. Y mae gennyf ddi-
ddordeb ynddo am iddo ddethol casgliad o emynau ar
gyfer ei enwad, sef *Diferion y Cyssegr*, a gyhoeddwyd yng
Nghaerlleon yn 1802. Y mae gennyf gopi cyflawn o'r
pedwerydd argraffiad, a gyhoeddwyd gan Richard
Jones yn Nolgellau yn 1809.

Y mae eglwys Babyddol yn y dref, ac un o'i haelodau
yn y ddeunawfed ganrif oedd Charles Prichard, meddyg
yn y dref, aelod o hen deulu Pabyddol o Went. 'Roedd yn
ŵr gweddw â chanddo dri neu bedwar o blant yn 1782
pan briodwyd ef yn Nhalgarth ag Elizabeth Harris, unig
ferch y diwygiwr. Bu farw Elizabeth Prichard yn 1826,
a gwelais y cofnod a ganlyn o'i marwolaeth yn *Seren
Gomer*, Ebrill 1826 :

> Bu farw—Chwefror 8, yn Aberhonddu, yn 77 oed,
> Mrs. Elizabeth Prichard, gweddw y diweddar
> Charles Prichard, Ysw. Llawfeddyg. Hon oedd
> unig ferch Howell Harris, Ysw. Trefecca, Gweinidog
> yr Efengyl a fu mor enwog o lafurus yn ei amser ;
> hi a ymadawodd â'r bywyd hwn gyda llawn obaith
> o feddiannu un gwell, trwy haeddiant yr hwn y
> gorphwysai ei henaid arno.

Y mae ei beddrod hi a'i phriod y tu faes i furiau Priordy
St. Ioan—yr Eglwys Gadeiriol yn awr—yn Aberhonddu.
Tystiolaethai'r weddw am ei phriod, "Reader, he was the
noblest work of God, He was an honest man, He died
Universally esteem'd, and his Loss is most sincerely and
deeply regretted." Ceir yr arysgrif a ganlyn ar ei bedd
hithau :

> Sacred to the Memory of Elizabeth Prichard, Widow
> of the said Charles Prichard of this Town Esqr. and
> only child of Howell Harris late of Trevecca Esquire
> deceased. She died the 8th of February 1826. Aged
> 78 years.

Fe fu i Charles ac Elizabeth Prichard bump o blant, sef
Joseph, Howel, Edward, Richard a Maria. 'Roedd gan
Charles Prichard fab o'r un enw o'i wraig gyntaf, Johanna
ferch David Walter (a fu farw yn 1779). 'Roedd y
Charles Prichard hwn hefyd yn llawfeddyg yn Llundain, ac
yn briod â Catherine Jones o Aberteifi. 'Roedd gan
Charles a Catherine Prichard fab o'r enw "Howell Harris
Prichard, Col. in the Army"—felly y dywed James
Buckley, yr achyddwr, yn *Sheriffs of Carmarthenshire* (cyf.
i, t. 221), eithr amheuaf gywirdeb Buckley. Onid un o
ddisgynyddion Charles ac *Elizabeth* Prichard oedd yr
Howell Harris Prichard hwn ? Rhwng yr achyddwyr
a'i gilydd !

★   ★   ★   ★

Ysgwn i a glywsoch chi erioed am bentre Llanddw ?
Y mae ar bwys Aberhonddu, ryw filltir neu ddwy o ganol
y dref. Pentref bychan ydyw, fferm neu ddwy, ychydig
o dai, eglwys, a chapel—"Ebenezer, Calvinistic Methodist
Chapel : Erected 1866" yw'r arysgrif uwchben ei ddrws.
Y mae un bedd yn y llain o dir o'i flaen, sef beddrod T. J.
Williams, Swan Villa, a fu farw yn 1943. Paham, tybed,
y claddwyd ef yno ar ei ben ei hun ?

"Llanddew" a welir ar y mynegbyst ar y ffordd i'r
pentre, ond "Llanddw" yw'r ffurf a geid yn y ddeunawfed
ganrif, a dyna'r ffurf a arferir o hyd gan hen drigolion yr
ardal. Holais un ohonynt, a *Llanddw* a ddywedai bob tro.
Holais ef hefyd ynghylch safle'r Gymraeg yn yr ardal,
ond ni wyddai ef am neb o'r hen frodorion bellach a allai
siarad yr iaith. Daethai ei rieni ef o blwyf Gwenddwr ar
bwys Llanfair ym Muallt ; gallai'r rheini siarad Cymraeg,
ond ni siaradodd ef Gymraeg erioed. [Ymwelais â
Gwenddwr ymhen ychydig ar ôl hynny, a chael gair â

hen frawd a drigai yn Nhre-gaer yn y plwyf—hen gartref
Thomas James, un o gynghorwyr cynnar y Methodistiaid
yn y sir. Nid oedd gan yr hen frawd a gwrddais y gallu
i ymddiddan â mi yn Gymraeg, ond gwyddai'r enwau
Cymraeg am anifeiliaid—ceffyl, buwch, dafad, &c.,
ynghyd ag enwau Cymraeg yr hen gelfi amaethyddol.]

Yng nghanol y pentre, rhwng yr eglwys a'r ficerdy,
ceir adfeilion Plas yr Esgob. Yno, ar adegau, y byddai
esgobion Tyddewi gynt yn tario yn ystod eu hymweliadau
â gwlad Brychan. Yno hefyd, y mae'n debyg, y trigai
Gerallt Gymro yn achlysurol, pan oedd yn archddiacon
Aberhonddu. Ymwelodd Gerallt â'r lle yn ystod ei daith
trwy Gymru yn y ddeuddegfed ganrif. "Yn y bore,"
meddai, "prysurasom ar ein taith tuag Aberhonddu : ac
ar ôl hau gair Duw yn Llandduw ('Landu'), bwriasom
y nos yno." Yn ôl Gerallt, "ystyr Llandduw yw Eglwys
Dduw ('Ecclesia Dei')." Daw balchter Gerallt i'r golwg
wrth groniclo'r ymweliad. "Rhoes archddiacon y lle
hwnnw (*sef ef ei hun*) ei waith ardderchog ei hun, *Hanes
Lleoedd Iwerddon*, yn anrheg yno i'r archesgob." Cymaint
â hynyna am yr hen archddiacon hynod.

Curadiaeth barhaol oedd y fywoliaeth yn yr hen amser,
ac un o'r clerigwyr yno yn y ddeunawfed ganrif oedd
Thomas Lewis, cyfaill mawr i Howel Harris a'r Metho-
distiaid. 'Roedd ef yn fab i'r Parchedig David Lewis,
person Llansanffraid Cwmteuddwr ger Rhaeadr Gwy ym
Maesyfed. 'Roedd yntau'n efengylaidd ei ysbryd, ac yn
ffrind i Harris. Pregethai'r mab yr un athrawiaeth efengyl-
aidd â'i dad, a phan oedd yn gurad ym Merthyr Cynog
daeth ei eglwys yn ganolfan i'r Methodistiaid yn y parthau
hynny. Bu raid iddo ymadael â'r plwyf oherwydd gelyn-
iaeth yr awdurdodau ato, ond yn ffodus iawn cafodd
fywoliaeth Llanddw, ac yno y bu yn fawr ei ddylanwad
am flynyddoedd lawer. "Fel Thomas Lewis o Landdw,

neu Dalachddu yr adnabyddir ef gan ein haneswyr,"
meddai Richard Bennett. "Bu yn gyd-lafurwr â'r Tadau
Methodistaidd, ac yn ŵr blaenllaw yn eu Cymdeithasfa-
oedd am flynyddoedd."

Euthum i mewn i'r eglwys, a da oedd gennyf weld enw
Thomas Lewis ar gof a chadw yno ymhlith enwau'r
clerigwyr a fu'n gwasanaethu'r plwyf. Bu yno o'r flwydd-
yn 1741 hyd 1783. Mi wn i ymhle y claddwyd ef ; yn
Nhalach-ddu, hwyrach. 'Roedd yr eglwys mewn cyflwr
graenus, yn wahanol iawn i'r hyn oedd yn 1744, pan
bregethai John Wesley ynddi. Dydd Mawrth, Ebrill 24
oedd hi, am bump o'r gloch y prynhawn. "Such a church
I never saw before," croniclodd Wesley yn ei ddyddlyfr.
"There was not a glass window belonging to it but only
boards, with holes bored here and there, through which
a dim light glimmered in. Yet even here may the light of
God's countenance shine. And it shone on many hearts."
Pregethodd yno hefyd ym mis Awst, 1745 i gynulleidfa
fechan.

*   *   *   *

Ar fy ffordd i Drefeca, gelwais heibio i'r eglwys a'r
fynwent yn Nhalgarth. Y darganfyddiad diweddaraf yn
y fynwent oedd cael hyd i feddfaen y Parchedig Pryce
Davies, ficer Talgarth yn y ddeunawfed ganrif, y gŵr a
fu'n gyfrwng tröedigaeth Howel Harris. 'Roedd trwch o
bridd drosti pan ddarganfuwyd hi. Bu farw'r ficer, yn ôl
yr arysgrif ar y garreg, 24 Hydref 1761 yn 63 mlwydd oed.
Bûm yn chwilio'n fanwl i weld a gawn i hyd i feddau rhai
o aelodau Teulu Trefeca, a gwelais hwnnw y gosodasai'r
Parchedig John Davies, Pandy, faen arno flynyddoedd
lawer yn ôl. Tybiai ef mae'r gŵr a orweddai dani oedd yr
olaf o'r Teulu, ac wele'r arysgrif sydd ar y maen :

Er cof am W. James, Trevecca, y diweddaf o bobl Howel Harris : yr hwn a fu farw Mehefin 13, 1847, yn 78 mlwydd oed.

"A'r holl oes honno hefyd a gasglwyd at eu tadau". Ond fe ddywedir mai hen ferch o'r enw Gwennie Jones oedd yr olaf un o'r Teulu. Bu honno farw tua'r flwyddyn 1863, a bu mab iddo o'r enw Thomas Jones, groser yn Llundain, farw yn nechrau'r ganrif bresennol.

Sylwais ar feddrod Mary, "Late Wife of Thomas Roberts of this Parish and eldest daughter of Thomas Roberts of Penybryn near Conway Gent.", a fu farw yn Nhrefeca yn Awst 1771. 'Roedd Thomas Roberts yn un o gefnogwyr selocaf y Teulu yn ei ddydd. Nepell oddi yno yr oedd beddrod Evan Hughes yr argraffydd, ac Ann ei briod. Ef oedd yr olaf ynglŷn â'r wasg a fu yn Nhrefeca ac yn Nhalgarth yng nghyfnod y Teulu.

Fe'm blinwyd gan gyflwr beddrod rhieni Howel Harris. Y mae darn o'r maen wedi malurio, ond pe ceid crefftwr cywrain, gŵr yn deall ei grefft yn dda, y mae'n ddiau y gellid ei gyweirio.

Bu farw Howel Harris, yr hynaf, 9 Mawrth 1730, yn 58 mlwydd oed, a thystir ar y maen :

> Christ was my Guide on Earth ;
> And Death shall be my gain ;
> Because in him I put my trust,
> Salvation to obtain.

"This Tomb was erected", meddir, "by Susanna his beloved wife of *Trevecka*". Fe'i coffeir hi yn Gymraeg, a thystir iddi "huno yn yr Arglwydd Ionawr y 7ed 1750. Gan ddywedud, myfi a orch-fygais, Arglwydd Iesu derbyn fy ysbryd". 'Roedd yn 83 mlwydd oed.

Troi i mewn i'r eglwys, a mynd yn syth at y fangre y gorwedd gweddillion y diwygiwr. Y mae'r maen sy'n ei goffáu wedi'i hoelio ar y mur ; prin y mae angen cyfeirio

at yr arysgrif hir sydd arno gan ei fod mor adnabyddus.
Gresyn, er hynny, fod y gofadail ei hun wedi ei dinistrio i
raddau. Fel y dengys y darlun ohoni yn y gyfrol gyntaf
o'r *Tadau Methodistaidd* yr oedd yn gelfyddydwaith.
Adnewyddwyd eglwys Talgarth tua 1874-75, fe ddywedir,
"ac o herwydd rhyw resymau nad ydynt yn hysbys i ni,"
meddai awduron y *Tadau*, "fe dynnwyd y goflech ymaith
oddiar fur gogleddol yr eglwys, lle yr ydoedd wedi bod
am gynifer o flynyddau." Darn ohoni'n unig a osodwyd
yn ôl, yn y fangre y gwelir hi'n awr. Beïr yr awdurdodau
eglwysig yn ffyrnig gan awduron y *Tadau* am yr amarch
a ddangoswyd i goffadwriaeth Howel Harris, a'r fan-
dalwaith a wnaethpwyd y pryd hynny. Ond paham na
fuasai Methodistiaid yr oes honno wedi gofalu'n well am y
goflech a rhwystro'r fath fandaliaeth ?

Ar bwys coflech y diwygiwr y mae maen coffa i'w
frodyr, Thomas a Joseph. Bu Joseph farw yn Nhŵr
Llundain 26 Medi 1761 yn 62 mlwydd oed, "where his
remains are deposited." Yn dilyn ceir molawd hir i
alluoedd a doniau'r gŵr a ddechreuodd ei yrfa fel gof yn
Nhrefeca. Bu Thomas farw ym Medi 1782 yn 77 mlwydd
oed. "The remains of Thomas Harris, late of Tregunter
in this Parish, Esqr.," ebe'r goflech, "lie interred near this
spot, . . . to the great loss of his Neighbours." Chware
teg i Thomas, er taw aderyn brith ydoedd fe ddywedir
amdano : "the Poor always found a most bountiful
Benefactor, His heart and Mansion being ever open to the
feelings of humanity, by receiving the Distresses of the
Indigent."

Lle diddorol yn yr eglwys yw'r ystafell fechan sgwâr o
dan y tŵr. Y peth a'm syfrdanodd i yno oedd llechen
fechan a'r geiriau a ganlyn, o *Gywydd y Farn* Goronwy
Owen o Fôn, wedi eu cerfio arni :

Dyfyn a enfyn Dofyn,
Bloedd erchyll, Rhingyll a'i rhydd,
Dowch y meirwon ddynionach
I (gyd farw byd) fawr a bach.
Dowch i'r Farn a roir arnoch,
A dedwydd beunydd y bôch.

Nid yw'n hollol ffyddlon i'r gwreiddiol, ond pwy a'i
gosododd yno ? Tebyg taw darn o feddfaen ydyw, ac yn
gysylltiedig â'r ysgrif fe bortreadir yr archangel yn canu'r
corn—"Corn anfeidrol ei ddolef," chwedl Goronwy,
"Corn ffraeth o saernïaeth nef."

Yn yr un ystafell, o dan y twr, gwelir coflech Evan
Roberts o'r Mwynglawdd ar bwys Wrecsam. Ymunodd
Evan Roberts â'r Teulu yn Nhrefeca yn 1757 ; gwr o
fusnes ydoedd, a bu ei ddyfodiad i Drefeca yn gaffaeliad
mawr i'r sefydliad.. Penodwyd ef yn un o'r tri ymddir-
iedolwr ar y Teulu. Wele'r arysgrif sydd ar ei goflech :

Sacred to the Memory of Evan Roberts of Trevecka,
Gent. He died the 1st of June 1804, Aged 86. Saying,
O Lamb of God : that takes away the Sin of the
World ; Receive my Soul.

Wrth ddychwelyd o'r eglwys i sgwâr Talgarth, gwelais
y Neuadd Felen, hen gartref Jane Williams (*Ysgafell*), y
ferch o Chelsea a ddysgodd Gymraeg ac a ymddiddorai
yn llên Cymru. Ysgrifennodd, ymhlith pethau eraill,
gofiant i Carnhuanawc, a golygodd ei weddillion llen-
yddol. Hi hefyd a ddygodd hunangofiant Elizabeth
Davis (neu Beti Cadwaladr, merch yr hen Ddafydd
Cadwaladr o Benrhiw, Y Bala)—y nyrs o Falaclava—
drwy'r wasg. Pan oeddwn yn fyfyriwr yn Nhrefeca
lletyai rhai o'r myfyrwyr yn y Neuadd Felen, a lletywn
innau ym Mount Pleasant yn ymyl. Beth a ddywedai

Jane Williams, ys gwn i, pe gwelai hi'r enw gwallus,
Neuadd *Felin*, ar ei hen gartref?

★   ★   ★   ★

Ychydig dros filltir sydd o Dalgarth i Drefeca. Cerddais
y daith honno ddegau o weithiau pan oeddwn yn efrydydd
yno. Daw twr pigfain y Capel Coffa i'r golwg ar ôl
dringo'r tyle bychan tua hanner y ffordd. Rhaid aros
wrth Drefeca Isaf, yn ymyl y briffordd. Dyma'r tŷ a
godwyd gan Rebeca Prosser yn 1576,—gwelir y dyddiad
hwnnw hyd heddiw ar y garreg hynafol uwchben y drws.
Yn Nhrefeca Isaf, yn 1768, y sefydlodd yr Arglwyddes
Huntingdon ei choleg, a "College Farm" y gelwir y tŷ
o hyd. Ceisiais, ddwywaith, i gael golwg ar du-mewn yr
hen dŷ, ond ni lwyddais. [Ond yn ddiweddarach, yng
nghwmni parti o Ysgol Haf a gynhaliwyd yn Aberhonddu,
fe lwyddais i gael "mynediad helaeth i mewn" yno.]

Codwyd Trefeca-fach, cartref rhieni Howel Harris, yn
nechrau'r ddeunawfed ganrif. Yno, yn 1714, y ganwyd y
diwygiwr; yn yr un lle, yng nghanol y ganrif, y codwyd
yr adeiladau a fu'n gartref i 'Deulu' enwog Trefeca.
Y mae rhannau go helaeth o'r adeilad hwn ar gael o hyd,
ac y mae crefftwaith y plastro ar nenfwd rhai o'r ystafell-
oedd yn werth ei weld. Gwelais hen gadair yn y tŷ ag
"A.D. 1634" wedi ei gerfio arni. Ar baneli un o'r ffenestri
y mae'r geiriau hyn, wedi eu crafu ar y gwydr: "W.
Williams 24th July 1797". Pa W. Williams oedd hwnnw,
tybed? Gwelir darn arall o wydr, wedi ei fframio, a gafodd
ei ddwyn i Drefeca o amaethdy'r Rhos, wrth droed y
Mynydd Du, a'r geiriau hyn arno:

ELIZ. HARRIS, TREVEKA

Sepr. 18th, 1774.

Remember, man, & bear in mind,
A trusty friend is hard to find.

Merch y diwygiwr oedd hon. Ai o siom y dyfynnodd hi'r cwpled ?

Y tro diwetha y bûm i yn Nhrefeca yr oedd casgliad o greiriau diddorol yn festri'r Capel Coffa. Ymhlith pethau eraill yno gwelais yr angel a arferai fod ar gopa'r tŷ,— cyfeirir ato gan Bantycelyn yn ei farwnad i Howel Harris. Y mae ôl y stormydd arno bellach, ond erys y corn wrth ei fin o hyd. Dywed y Parchedig William Williams, Abertawe, yn *Y Drysorfa* 1864, fod arysgrif ar y corn: "Cyfodwch, feirw, a deuwch i'r farn". Ond yn ofer y chwiliais amdano. Y mae'r tywydd wedi'i ddileu, debyg iawn. Yno hefyd, yn y festri, y mae'r hen gloch a alwai aelodau'r Teulu gynt at eu dyletswyddau. Un o'r pethau mwyaf diddorol yn y Greirfa yw darn o liain main yr honnid ei fod yn gynnyrch melin lîn y Teulu. Cyfeirir yn llawysgrifau Trefeca at Bysgodlyn y Teulu. Gwnaed ef yn 1755, ac fe'i nodir ar blan o blwyf Talgarth a luniwyd yn 1842. Gwelir olion y Pysgodlyn o hyd yn y cae ar bwys y Capel Coffa.

*   *   *   *

Ar brynhawn teg o Fai yn y flwyddyn 1957 cefais y fraint o annerch Pererinion Bach yr Annibynwyr— ddegau ohonynt—yn y Capel Coffa yn Nhrefeca. Wedi'r oedfa penderfynais i a'r Parchedig Iorwerth Jones (golygydd *Y Dysgedydd* ar y pryd) fynd am dro i Dredwstan, dros y cwm ar gyfer Trefeca. Croesi afon Llyfni, a dringo'r llechwedd i Blas Tredwstan. Yno, yn y ddeunawfed ganrif, y trigai Thomas Jones ac Anne ei ferch, a ddaeth yn wraig i Joseph, brawd y diwygiwr. Ymlaen dipyn, ar ffordd Lanfilo, ar y chwith, saif adfeilion hen gapel Tredwstan ar bwys fferm Pwll-mawr. Adeiladwyd ef yn 1687, a'i ailadeiladu yn 1805. Hawdd credu, a barnu oddi wrth ei adeiladwaith, fod rhai o furiau 1687 yno o hyd. Bu William Williams, Cefnarthen—ewythr Williams Pantycelyn, yn weinidog yr eglwys o 1729 hyd 1762, a bu'r perganiedydd y mae'n ddigon tebyg yn gwrando ar ei ewythr yn pregethu yn y pulpud acw.

Daeth un o linellau Eben Fardd i'm meddwl—"A drych o dristwch yw edrych drosti"—wrth gamu i'r capel drwy'r twll lle bu ffenest. Ar lawr y capel 'roedd y llanast rhyfeddaf. Bûm yno o'r blaen, yn 1935, a'r pryd hwnnw, os da y cofiaf, 'roedd Beibl Cymraeg ar astell y pulpud. Sylwais ar y cerrig coffa ar y muriau, un i Abigail, gwraig y Parchedig Walter Lewis o Dyle-crwn, Llanfilo, gweinidog yr eglwys o 1802 hyd 1833. 'Roedd hi'n ferch i Lewis Williams, Yswain, o'r Trosgoed, plwyf Gwenddwr, a bu farw yn 1809 yn 44ain mlwydd oed. Cofféid hefyd am eu mab, Edward Lewis o Goleg Highbury, a fu farw yn 1828 yn 22ain mlwydd oed. Bu farw'r tad yn 1833, ac ar ei gais (yn ôl y maen) anerchwyd y gynulleidfa ar ddydd ei angladd oddi ar 2 Tim. iv, 7-8, "Mi a ymdrechais ymdrech deg", &c. 'Roedd Mary, ei ferch hynaf, yn wraig i'r Parchedig Thomas Havard, gweinidog yr eglwys o 1844 hyd 1863. 'Roedd Rachel, pumed merch Walter ac Abigail Lewis, yn ail wraig Ieuan Gwynedd. Iddi hi y canodd Ieuan y penillion dwys hynny, "Ti wylaist wrth fy ngwely", a'i llaw hi ar ysgwydd Ieuan egwan a welir yn y darlun adnabyddus o Ieuan Gwynedd.

Camu allan i'r fynwent drwy'r ffenest. Dywed y diweddar T. Gwydrim Davies, un o gyn-weinidogion yr eglwys, mai ym mynwent Tredwstan y gorwedd gweddillion Henry Maurice, apostol sir Frycheiniog. Trigai yn Llanigon, ac yno yn 1682 y bu farw yn 48 mlwydd oed. Byddai'n chwith gennyf feddwl bod ei weddillion ef yn gorwedd yn Nhredwstan, oblegid pan ddeuthum allan

drwy ffenest y capel ym mis Mai 1957 yr oedd hwch a
thor o berchyll yn turio ymhlith y beddau yno.

Gellir mynd ymlaen ar hyd y ffordd hon i Lanfilo,
gyda'i heglwys hynafol ; yna, ar hyd y briffordd, nid
oes ond dwy neu dair milltir i Langors. Y mae yma
gapel Methodist bychan, a cheid pregeth Gymraeg yno
yn oedfa'r bore pan oeddwn i yn Nhrefeca, a theulu
Penllanafael yn fawr ei sêl tros yr achos. Y tro diwethaf
y bûm i'n pregethu yno cefais fy nharfu gan wennol a
ehedai o gwmpas y capel er mawr ddiddordeb i bawb ond
i'r pregethwr druan a fynnai gystadlu â hi. Ofnaf taw hi
gariodd y dydd. Erbyn hyn fe ddiflannodd y bregeth
Gymraeg, gan fod yr hen bobl a'i coleddai wedi darfod
o'r fro.

Y mae Llyn Syfaddan ar bwys, ac ym misoedd yr haf
gellir llogi bad a chroesi'r dŵr i eglwys fechan Llangasty
Tal-y-llyn. Euthum yno un haf er mwyn cael golwg ar y
cysegr bychan lle cafodd Howel Harris falm i'w enaid yn
1735. Aeth y diwygiwr i Langors yn ysgolfeistr yn
1732, ac yno y bu am dros ddeunaw mis. Bu'n cadw ysgol
ar ôl hynny yn eglwys Llangasty, gan letya ym Mhlas
Trebinsiwn, cartref Lewis Jones. Yno y bu hyd fis Tach-
wedd 1735. 'Roedd mewn cyfyng-gyngor wedi'r oedfa
honno yn Nhalgarth ar y Sul cyn y Pasg. "Un diwrnod,
tua chanol mis Mai," meddai Richard Bennett, "ym-
neilltuodd i weddïo i glochdy Eglwys Llangasty. Yno, yn
ei ing, teimlodd ryw gymhelliad cryf yn disgyn ar ei
ysbryd i roi ei hunan i Dduw." Hon oedd yr "ymdrech
fawr" ym mhrofiad ysbrydol Harris, ac yn gam pwysig
ar lwybr ei dröedigaeth. Wedi hynny daeth y Sulgwyn
a'i orfoledd, ond nac anghofier yr ymdrech fawr a'r
ymostwng ewyllysgar yng nghlochdy Llangasty.

Cefais fy siomi, oblegid eglwys newydd sydd bellach
yn Llangasty. Bu ynddi gynt gofadail i Joshua Parry o

Blas Tal-y-llyn. Bu ef farw yn 1729 gan adael gweddw
ieuanc i alaru ar ei ôl. Bu cyfeillgarwch arbennig rhwng
Howel Harris a Rachel Parry, a hawdd yw credu awgrym
Richard Bennett i'r diwygiwr ieuanc ei hoffi a syrthio
mewn cariad â hi. Bu farw yn 1738, er mawr alar i Harris.
Beth pe bai hi wedi cael byw i briodi ei harwr ? A fuasai
cwrs hanes y Diwygiad Methodistaidd wedi rhedeg yr un
fath ? Ni ellir ond dyfalu, ac am hynny y meddyliwn
wrth ddychwelyd dros ddyfroedd tawel Syfaddan y
diwrnod hwnnw.

*   *   *   *

Teithiais o Dalgarth i'r Gelli Gandryll—*Welsh Hay* y
mapiau—am y tro cynta erioed ar brynhawn Sadwrn
braf o haf ar gefn beic. Taith hamddenol hyfryd heibio i
Aberllyfni a'r Clas-ar-Wy. Y mae'n wlad deg odiaeth, a
dyffryn Gwy'n ymagor i gyfeiriad Lloegr. Y mae'n fro
ddiddorol hefyd o ran ei hanes a thraddodiadau. Fy amcan
pennaf ar y daith hon oedd cael golwg ar yr hen ysgubor
ar dir Llwyn-llwyd y dywedir y cynhelid ysgol ynddi yn y
ddeunawfed ganrif. Ynddi yr addysgwyd Dr. Hugh
Evans o Fryste, Richard Price, Ty'n-ton, Williams
Pantycelyn, Howel Harris, a llawer o enwogion eraill.

Tua milltir o'r Clas-ar-Wy, ar y dde, y mae lôn gul
leidiog yn arwain i ffermdy Llwynllwyd. Yma, yn y
ddeunawfed ganrif, y trigai'r Parchedig David Price,
gweinidog Maesyronnen, a gadwai ysgol yno. Prin y
mae angen trafod hynt a helynt yr ysgol honno yn awr,
ynghyd â'r athrofa a gyplyswyd â hi gan y Parchedig
Vavasor Griffiths, gweinidog y Maesgwyn. Barnai
Kilsby Jones, ar sail hen draddodiad, taw mewn hen
sgubor y tu hwnt i gwm cul ar bwys Llwynllwyd y
cedwid yr ysgol. Cyfeiriais fy nghamre yno, felly, gan

groesi Nant Ysgallen a dringo i ben bryncyn sych lle saif yr hen sgubor, sydd mewn cyflwr hynod o dda. Mangre dawel, neilltuedig ydyw ; lle braf, gallwn feddwl, i efrydu Groeg a Lladin. Ni allwn lai na dyfalu hefyd pa fodd y cynhesid yr hen sgubor yn nyddiau oer a gerwin y gaeaf.

Dychwelais i'r briffordd ar bwys yr *Holly Bush* ar hyd ffordd arall—dros glawdd a pherth. Arfaethwn ymweld â hen gapel Maesyronnen y tro hwn, ond nid oedd gennyf amser—bydd yn rhaid mynd yno eto, pan geir cyfle. Ymlaen ynteu i gyfeiriad y Gelli Gandryll. Dyma wlad Kilvert, y dyddiadurwr diddan a fu'n gurad Cleiro ym Maesyfed, yr ochr draw i'r afon, o 1865 hyd 1872. Mynd heibio i'r *Sheephouse*, cartre'r Thomas Watkins hwnnw a fu'n brif offeryn i ddiswyddo Alexander Griffith o ficeriaeth Clas-ar-Wy yn 1650. Trigai William Watkins, ei frawd, ym Mhenyrwrlodd—yntau hefyd yn Biwritan eiddgar. Yn y flwyddyn 1650 ychwanegodd Watkins ddarn newydd at ei dŷ a cherfiodd "W.W. 1650" ar gapan y drws. Yno, fe gredir, yr addolai ymneilltuwyr cynnar y fro yn nyddiau peryglus yr ail ganrif ar bymtheg. Dywedir taw aelod o'r teulu hwn (o ryw ochr) oedd Charles Prichard, y meddyg o Aberhonddu a briododd Beti Harris o Drefeca.

Ar ôl cyrraedd y Gelli, troi ar y dde a chroesi'r ffin— Nant Dulais—i Loegr, a chyrraedd eglwys hynafol Cusop. Eglwys Gewydd oedd hi gynt—hen Gewydd y Glaw fel y'i gelwid ; ond Mair yw ei nawddsant bellach. Chwiliais am feddrod William Seward, y merthyr Methodistaidd, sy'n gorwedd yn y fynwent hon. Cefais hyd i'w fedd o dan gysgod ywen lydanfrig, a chopïais yr arysgrif sydd ar y garreg—a roddwyd yno ymhen hanner canrif neu ragor ar ôl claddu'r gweddillion marwol sydd dani. Wele'r arysgrif :

Here lyeth the Body of William Seward of Badsey
in the County of Worcester, Gent., who Departed
ys life Octbr 22d 1742 Aged 30.

   To me to live is Christ and to die is Gain.

      Phillpns Chap. ye 1st Verse ye 21.
      If Earth be all
      Why ore & ore a beaten Path
      You walk & draw up nothing new.
      Not so our Martyrd Seraph did
      When from the Verge of Wales he Fled.   ·

Y mae un camgymeriad yn yr arysgrif—yn 1740 y bu
farw Seward, a'r flwyddyn honno a nodir yng nghof-
restr y plwyf.

Pentre bychan ar bwys Evesham yw Badsey, a hannai
William Seward o deulu gweddol gefnog yno. Daeth i
gyswllt â Charles Wesley yn 1738, ac ymhen ychydig
wedyn dechreuodd deithio gyda George Whitefield,—
bu'n gydymaith i'r gŵr hwnnw yn America. Ar ôl dych-
welyd i Brydain aeth Seward i Gymru i gydweithio â
Howel Harris. Yn nechrau Hydref 1740 'roedd yn Nhref-
eca gyda'i gyfaill, ac aethant ill dau i'r Gelli. Wrth bregethu
yn yr awyr agored yno fe'u herlidiwyd yn greulon.
Dihangodd Harris, ond trawyd Seward ar ei bên â charreg.
Aethpwyd ag ef i dŷ gerllaw, ac yno y bu'n dihoeni am rai
dyddiau. Bu farw ar ddydd Mercher 22 Hydref 1740, a
chladdwyd ei weddillion ym mynwent Cusop. Yma,
mewn heddwch, y gorwedd ei lwch. Wrth droi ymaith
oddi wrth y bedd, ni allwn lai na sibrwd, "*Ardderchog lu
y Merthyri a'th fawl Di.*"

Tref fechan ddiddorol yw'r Gelli Gandryll, ar y ffin
rhwng Cymru a Lloegr. Go ychydig o'i thrigolion a
sieryd Gymraeg heddiw, ond deil yr hen enwau Cymraeg
ar y pentrefi a'r ffermydd o gwmpas y dref. Heol-y-dŵr
yw enw un o strydoedd cefn y dref, a chan fod ffrind imi

yn byw yn yr hewl honno holais amdani. Ni wyddai neb am fodolaeth y fath hewl, ond o'r diwedd goleuodd wynepryd hen begor garw—"Oh!" mynte fe, "it's *Holy Door* you want !" Gwenais innau'n ddiolchgar, a chefais hyd i Heol-y-dŵr yn ebrwydd.

Bu Dr. Thomas Phillips, ysgrifennydd cyntaf Cymdeithas y Beiblau yng Nghymru, yn byw am flynyddoedd yn y Gelli. Brodor o Lanymddyfri ydoedd, ac aeth i'r Gelli fel cenhadwr dros y Methodistiaid Calfinaidd. Sefydlodd eglwys fechan yn y Gelli [ond y mae honno bellach wedi dod i'w therfyn.] Gorffennodd Dr. Phillips ei ddyddiau yn Henffordd, ac i'r ddinas honno yr euthum innau ymlaen ar fy nhaith, heibio i Gleiro, Rhyd-sbens, Whitney a Willersley. Cefnais ar Wlad Brychan, ond stori arall yw hanes y daith honno.

Y Drysorfa, Gorff.—Hyd. 1958 ;
Y Goleuad, 25 Gorff. 1956.